U0081150

蘭陵王 與 陸貞傳奇

大動盪的魏晉南北朝史

目　錄

最黑暗卻也最璀璨的亂世

推薦序——交通大學通識教育中心

副教授　劉河北

魏晉南北朝讓我想到定伯賣鬼的故事，定伯在街上遇見鬼，不但不害怕，反而假裝自己也是鬼，兩人一同往市集去。途中鬼提議互背對方，鬼沒有重量，定伯樂得輕鬆，但鬼背定伯，卻是氣喘如牛，面對鬼的疑心，定伯總是不慌不忙地說：「我是新鬼嘛！」如此大言不慚。到了市集，一把抓住鬼，放到地上變成羊，賣給羊販，輕輕鬆鬆。

這樣帶點不可思議，又充滿機智與詼諧的小說，正是東晉時期戰亂頻仍，導致人們追求信仰慰藉、文人喜歡玄學風氣下的產物。當政治太過沉重、社會太過黑暗、所有的一切壓得人喘不過氣的時候，「志怪小說」成為火災時，滯留在樓梯轉角的空氣，唯有呼吸那一點非現實，才有辦法活下去。

魏晉是這樣一個紊亂、失序、晦暗的時代，但卻像一朵長得奇異古怪的花，讓人無法打從心底喜愛，卻又無法不為它的姿態讚嘆。可惜他的「亂」讓許多人在一開始便卻步（尤其是當變成考題，出現在考卷上的時候），怕是掉進交錯糾結的蛛網一般，讓人想不耐的撐開。

王博士在此書中，以戲劇為輔，用旁觀者的角度，訴說著他看見的魏晉南北朝，而且因為魏晉是這樣一個奇特的朝代，王博士一改先前嚴謹如歷史學家的口吻，轉而以詼諧機智的方

式（誇張的說，就像橋下的說書人一般），為我們轉述那些我們曾經熟悉，卻已然陌生的一篇篇魏晉史，並且從沉樸的古史中，挖出許多有趣的花邊、充實的補注，360度角，一處不漏的帶我們認識這個朝代，這樣的工夫，是艱深、辛苦的，但我想王博士必定樂在其中，不知苦也。

　　繼《賽德克巴萊》、《都鐸王朝》之後，王博士再度結合熱門話題與他深厚的歷史涵養，替大家整理述說這一段複雜到許多人不願去了解的魏晉南北朝歷史。若我是你，定快快翻開下一頁，走入這段最黑暗卻也最璀璨的亂世。

我們在六朝古都作客

　　春天的時候因為工作的緣故飛了對岸一趟，之後在友人盛邀之下，順道遊至河北。那時臨漳正好乍暖還寒，空氣中似乎還留有雪的清香，我們悠步在古鄴都，看天藍得無邊際。足下所踏的石磚絕對是現代傑作，卻也能輕易地勾勒出車馬行人來往絡繹不絕的六朝（曹魏、後趙、冉魏、前燕、東魏、北齊）古都。

　　我提議拜訪古來富有盛名的銅雀台，才知道銅雀台已經變成不足二十米高的兩座小土堆。啊！曾經是兩位國際級美女大喬小喬的專屬伸展台，如今竟連一片屋瓦都沒能留住。曹植在此一瞬揮筆成章，一群建安文人共酒賞文賦詩作對，從遙遠的時空中傳來蔡文姬清脆嘹亮的〈胡笳十八拍〉，微現後趙石虎如何用金銅流蘇裝飾他的宮殿。

　　鄴城仍然是鄴城，它存放了一個失落的黃金年代，即使以勤儉著稱北周武帝將火樹銀花搗毀滅跡，在這人性深受質疑的朝代更迭中，我仍然為這文化、藝術登峰造極的時空深深著迷。溯洄從之、溯洄從之，在專人布局規劃的鄴城裡，殿堂樓閣豪華精美，有草原馬上民族的豪氣氛圍，也具備南方水鄉的溫柔細節。仰慕佛教文化的北朝皇帝們，留下不朽石窟雕刻的驚人技藝，和眾妃落髮為尼的寺廟傳奇。儘管荒唐的無愁天子高緯，在花漫漫連夜歌舞中葬送這一片繁華，但誰能不知曉這裡暗藏了輝煌長安與洛陽的開啟契機。

可惜的是對許多人而言，這一切真的「失落」了，也許是魏晉南北朝既華麗也繁複曲折，令人不禁覺得反常即妖，因此在腦海中只剩下淡淡的教科書對這一時代的描寫。

　　然而，當《蘭陵王》、《陸貞傳奇》這兩部以北齊為背景的戲劇出現，並且愈來愈受大家的喜愛，我打從心底感到高興，因為戲劇總能潛移默化，將枯燥的歷史打光撲粉，變成一幕幕動心的畫面，進而留在觀眾的腦袋裡。認真一點的，會自行尋找隱藏在妝容之下的正史；無心追求真相的，也多少對這樣的朝代起了興趣，知道歷史上，有蘭陵王、陸令萱這一號人物。至於史實與劇情是否相合，那是後話。

　　我拭去螢光幕為歷史抹上的濃妝，希望用平易簡單的文字將真實故事帶給觀眾，在課本上「北魏始於公元386年……北周亡於公元581年」的例行交代公事之外，還有更多的生動人物和精彩歷史情結。如果此刻不把握機會了解自身文化底蘊的模樣，那還要等到什麼時候呢？那年春天，我在河北鄴城作客，此刻將和你一起撥開時光的塵土，一起到六朝古都，去那失落的年代裡作一回看官！

王擎天　於台北上林苑

歡迎至擎天部落格*chintian.pixnet.net*分享你的歷史觀點

第一部

這次絕對讓你搞懂魏晉南北朝

怎麼開始便怎麼結束的曹魏

　　魏晉南北朝亂世的首部曲，起自東漢末年、公元184年發生的黃巾之亂。這場不論要稱「農民起義」還是「盜賊群起」的黃巾事件，雖然在當年就被鎮壓，卻讓一個實際存在的狀況浮上檯面：地方豪強的私家武裝已經足以威脅中央政府。

　　東漢末年，皇帝派任有名望的皇親國戚或中央官員，至重要地區擔任「州牧」，如益州牧為宗室劉焉、幽州牧為宗正（這個官是管皇族名籍簿的）劉虞。東漢甚至加重州牧的權力，希望藉此穩定對地方的治理，不料最後演變成軍事集團的分區割據。第一個進入中央大肆撒野的州牧，即是并州牧董卓。但不要誤會，董先生並不是主動揮刀殺進中央想對漢少帝怎樣，引狼入室讓他踏進洛陽的，是當時外戚勢力的頭子——大將軍何進是也。

西涼餓狗在洛陽

　　東漢末年，宮廷裡忙著爭權，你殺我啊我殺你的。兩大勢力各自就位：在黃巾之亂中受命為大將軍的何進，握有軍權；內廷稱霸的則是昔日與漢獻帝十分親近的宦官們。漢靈帝死後，大皇子劉辯即位，是為14歲的漢少帝。何進是漢少帝的親舅舅，表面看來這兩大勢力，宦官這一邊要式微了。但事實上，漢靈帝病重之際，要宦官蹇碩照顧二皇子劉協，頗有將「廢長立幼」的心願，託付給宦官完成的意思。

漢靈帝大限來臨之前，為了瓜分何進的軍權，特地成立「西園八校尉」，首領就是他最親愛的宦官蹇碩。隨便想就知道，何進掌權後第一個要誅除的，當然是膽敢與他爭權的蹇碩。殺掉蹇碩一人容易，對抗龐大的宦官勢力卻難，何進因此召集各地猛將來洛陽玩玩，順便給宦官一個下馬威。長期鎮守邊疆涼州的董卓，得到可以進入繁華洛陽的消息，率領大軍奔馳前來，但未抵洛陽，就遇到從洛陽逃出來的漢少帝劉辯與陳留王劉協。

原來，何進準備誅除宦官的同時，宦官也不是就此閒著引頸就戮。宦官首領張讓等人，假何進之妹何太后的詔令，騙何進入宮。何進不疑有詐，單獨入內，結果一進門，宦官就拔劍將之斬首，還笨笨地將何進的頭丟出門，一句「何進謀反，已伏誅矣」便想嚇住在外等候的袁紹。袁紹又不是見血怕事的文人，他持刀搶進宮中，一下子就把這些沒有鬍鬚的男子殺得乾乾淨淨。漢少帝與陳留王逃出洛陽，剛好被董卓抓住（說護衛也行）。董卓浩浩蕩蕩擁著漢少帝入京城，開始把持政權。他先廢了漢少帝，立陳留王劉協為王，是為漢獻帝。一個不小心，董卓竟完成了先帝（漢靈帝）託付給宦官的使命（立劉協為王），但東漢至此已經名存實亡了。

一開始，為了籠絡人心，董大人還為黨錮之禍中受委屈而死的士人爭取公道，也任用一些當朝名士，看起來頗有建樹，有點亂世要終止了的錯覺。但很快地，他就露出殘忍面目，把在西涼對付匈奴與羌人的那股暴虐，施加在洛陽城宮廷與市民身上。一般軍隊要發糧餉，董卓的作法則是讓他們自己去搶，

搶掠財富過程中，自然伴隨著殺男人搶女人，宮中沒有一個公主可以明哲保身，更不用說是宮女和民間婦女了。不得人心的董卓，很快地便被算計殺死，但他那一堆豺狼般的西涼部將繼續為禍，各地豪強為求自保也募兵迎戰，天下形成一片混亂割據的狀態。

勝者為王，叛軍曹操統一北方

眾多割據勢力中，第一號明星非袁紹莫屬。還記得漢靈帝死前特地成立「西園八校尉」嗎？袁紹就是僅次於首領蹇碩的「副首領」，官位是中軍校尉。曹操雖然也是八星之一「典軍校尉」，在當時仍屬「小咖」，連董卓都打不過，怎麼能跟勢傾天下的袁紹公子相比！袁公子家世烜赫，歷代先人都是東漢的宰相，因此普天之下他可說到處都有熟人，這種角色不出來領兵也太對不起大家。

最初，董卓為了躲避討伐他的聯軍，挾持漢獻帝遷都長安。袁紹趁著董家軍遠離洛陽，趕緊出兵占領冀州（今河北），繼而吞併青州（今山東）、并州（今山西、內蒙一帶）、幽州（今北京、遼寧、朝鮮半島一帶），搶得最好的戰略形勢，南以黃河作為屏障，北邊臨烏桓、鮮卑等少數民族，少數民族都很會打仗，可以徵召為兵。

曹操原先也在袁紹手下，但募得兵力之後就此叛逃，從此與袁紹為敵。公元196年，漢獻帝被曹操抓到了，表面上看來可挾天子以令諸侯，但這個天子顯然沒什麼力量，反而使曹操成為各地勢力的共同打擊目標。歷經一連串辛苦的戰事，張繡投

降、呂布敗亡，最終，曹操要面對最強大的要脅，來自他之前的老大——袁紹。公元200年，袁紹發表檄文，名正言順地公開討伐叛臣曹操，官渡之戰開啟。

兩軍對照，袁紹有精兵十萬人，曹操軍不到對方的一半；袁紹糧草充足，曹操的糧食只能維持數月。在如此困境之下，曹操也真不愧為三國名人曹操，他不直接正面迎戰袁紹主力軍隊，一連用計取得兩戰勝利，斬殺對方兩名大將顏良、文醜，取得與袁紹相持不下的局面。當曹軍糧草逐漸消耗殆盡，最關鍵性的一戰，就是把對方的糧草全部燒掉。當年十月，從袁紹身邊叛逃到曹軍的許攸，獻計給曹操，只要燒掉袁紹囤積在烏巢的軍糧，必可扭轉局勢。當烏巢的糧車被曹軍一把火整體毀滅，在官渡前線的袁軍接獲此消息，都無心再戰，十萬大軍崩潰，逃回鄴城的袁紹則嘔血而死。

接下來幾年，曹操收拾袁部殘餘勢力，也征服北方的威脅烏桓，穩定地控制了中原地區。雖然不久後在赤壁之戰（公元208年）敗給劉備、孫權聯軍，但三國鼎立後，曹家擁有的土地是三國中最遼闊的，在北方的地位更是不容動搖。關於三國爭雄的故事，拙著《赤壁青史，誰與爭鋒》已有敘述，恕不在此重複。

若沒打敗袁紹，曹操在歷史上只是一介叛軍，但依據「勝者為王」定理，北方霸主曹操在歷史上的定位，先是冀州牧，然後是東漢丞相，後來還當到魏王，甚至被篡漢的子孫封為魏武帝。成王敗寇之理，古今皆然！

文青曹丕一簒而終結漢室

公元220年曹操去世，建安七子的領袖曹丕，繼承乃父的魏王職位，但不久後，就逼迫自己的大舅子（漢獻帝劉協娶了三個曹操的女兒）劉協禪讓。漢獻帝共下了四道詔書拜託曹丕繼位，前三次當然要假意推辭一下，第四次曹丕便接受了，自此定國號為魏，國都定在洛陽，東漢正式滅亡。曹丕簒漢隔年，劉備以劉協被殺為藉口（其實人家活得好好的，壽終正寢，比劉備還晚一年死），在蜀稱漢昭烈帝，有承繼漢室的意味。孫權也於公元229年在吳稱帝。三股勢力在這十年間正式成為三個國家了。

曹丕是歷史上相當有名的文人皇帝，千年名著〈典論論文〉開啟文學批評的風氣，讓建安七子從此亮相，一句「蓋文章，經國之大業，不朽之盛事」肯定了文學的歷史價值。此文到了二十一世紀還是學生必讀佳作，影響力可謂歷久不衰。曹丕的〈燕歌行〉，以通俗的用詞表達了思婦之情，婉轉細膩，纏綿悱惻，是現存最早最完整的七言古詩。文學史上常謂曹丕之弟曹植的才氣更高，其實這是見仁見智，明末清初大儒王夫之便稱讚曹丕的天才絕非其弟所能壓倒。

魏文帝曹丕在位七年，曾經三次親征東吳，但皆無功而返，倒是平定邊患方面較有成績，當時與匈奴、氐、羌等族都維持不錯的交情。此外，在改革朝政方面有一定程度的建樹。史上最有名亦備受爭議的「九品中正制」，就是在他手下完成。此制度鞏固了門閥世族的政治特權，曹魏政權因而穩定，只是後來遺害到晉朝，形成世族壟斷政治與人事的局面。但曹

丕是個用功讀書的皇帝，他謹記東漢亡國之教訓，嚴禁外戚與宦官干政，也不讓曹氏家族有任何機會在地方行割據之實。

據說曹丕氣量狹小，連一母所生的弟弟曹彰、曹植也不能包容。即位之後，先害死大弟曹彰（史書記載曹彰是患病而死，但有可能為曹丕所害），又屢屢想殺害曹植，還好才高八斗的曹植可以七步成詩，最終只被流放在外，沒有死在曹丕手下。不過以歷代奪嫡的慣例來看，拿刀除去威脅自己王位的親兄弟，也不是太新鮮的事。

曹丕比許多帝王都聰慧的一件事，就是和其父曹操一樣，都看破死後的世界，主張節葬。曹丕曾為文論到，皇帝陵墓陪葬品愈多，日後就會被盜掘得愈慘。因此他留下「不造園邑神道，不含珠玉，斂以時衣，陶器陪葬」的遺言，後宮妃嬪也全數解散讓他們回家與家人團聚。後人只在曹丕陵墓的遺址中發現漢魏的磚瓦碎片，可見這位深具遠見的皇帝，真的安息了千年。

曹魏全盛時期（226～239）

曹丕在40歲那年生病死了，公元226年，太子曹叡即位。曹叡自幼聰慧，深獲爺爺曹操的喜愛，曾對他說：「有你，曹家就有三世的基業了」。的確有三世，但很不幸的也只有三世。從曹操、曹丕到曹叡，是三代握有實權的皇帝。曹叡死後，曹氏子孫彷彿重演半個世紀前漢少帝、漢獻帝的戲碼般，孤兒寡母遭人欺凌，最終被迫遜位。

曹叡的生母甄夫人，原是袁紹的兒子袁熙的老婆，曹操攻

占鄴城後才被曹丕搶來，因此曾有人懷疑曹叡是袁熙所生。但以曹丕這麼一個精明又心胸狹窄的人，不可能笨到立敵人的兒子為太子，因此這個說法應該有誤。不過曹丕在對甄夫人厭倦，甚至把她殺掉後，曾一度疏遠曹叡，直到死前才又立他為太子。不知能否說曹丕死前靈智清明，立儲眼光準確，因為魏明帝曹叡在位期間，的確是曹魏王國的全盛時期。

魏明帝登基後，隨即面臨東吳孫權對江夏、襄陽（位於今湖北省）的攻擊。群臣都提出要出兵救援，時年20歲的曹叡卻說，江東的孫權擅長水戰，如今竟膽敢下船進行陸戰，必定無法持久，想只是為了偷襲而已，不久定將撤退。果然，先前被派到邊界慰勞的荀禹一抵達江夏，孫權就退兵離開。魏明帝年紀輕輕卻處事沉著，一出招就讓大臣們刮目相看，從此不敢小覷。曹丕原先為他安排一班輔政大臣陳群、曹休、曹真等，都沒什麼用武之地。連城府極深的司馬懿，於明帝在位期間溫馴謙讓得像小綿羊一般，可見曹叡的帝王之勢。

本身對法律非常感興趣的曹叡，號召臣下整理漢朝律法，制定《新律》十八篇、《州郡令》四十五篇、《文官令》與《軍律》共一百八十多篇，整體成績被稱為魏律或曹魏律，推動了中國法學的進展。曹律的內容刪除了以往律法中苛刻的條文，減少死罪與鞭刑；死刑以外的懲罰，則可以拿錢來贖（簡直就是「交保」）。若在現代他應該可以拿個法學博士，博士論文就叫作：《簡化繁瑣漢朝律令·追求新時代刑名正義》。曹叡也是個善於賦詩的文學家，與其父曹丕、其祖曹操合稱為「三祖」。為鼓勵文學創作，還蓋了一間「崇文館」，讓詩人

無憂無慮地在裡頭吟詩作對。

　　曹叡在位期間，面臨蜀漢丞相諸葛亮來勢洶洶的五次北伐，在他巧妙用才之下，派出曹真、張郃、司馬懿等名將，阻擋了來自南方的威脅。後來司馬懿還率軍消滅在遼東割據三代的公孫氏，成功收復遼東，擴大了曹魏的版圖。

　　人總是不完美，曹叡在各方面的表現都是資優生，但他對於兩大興趣——蓋房子和娶老婆——異常堅持，頗令人困擾。每年大臣都會上書請皇帝少建些樓閣、少納些妻妾，但這些曹叡都充耳不聞，屢次下令挑選民女入宮，並嘉惠土木行業、營建一堆宮殿。公元235年諸葛亮死後，來自蜀漢的攻勢減緩，曹叡便更加肆無忌憚地大修宮殿，動用非常多人力，影響到農民耕種的本業，國家的根基開始動搖。

　　公元238年的冬天開始，曹叡的健康亮起紅燈（有人說是縱欲過度），託孤問題浮上檯面，死後要讓誰來輔政？最後決定讓司馬懿、曹爽共同輔佐才8歲的養子曹芳。此時想到自己三個親生兒子（曹冏、曹穆、曹殷）都早夭，想必悲傷加劇，隔年初便即逝世，才36歲，曹魏叱吒風雲的時代也隨他去了。

忍了好久的司馬懿終於等到時機

　　齊王曹芳即位，被稱為魏少帝，由曹爽和司馬懿共同輔政，但實權掌握在曹爽手中。想當然爾，曹爽最想做的事情就是排擠司馬懿。曹芳剛繼位那幾年，司馬懿仍在外用兵，等到歸來後不久，曹爽故意任命司馬懿為太傅（為太子的老師。沒什麼事做，魏少帝曹芳才8歲還沒有太子），架空其權力，並派

自己的親信擔任中央的重要官員和禁軍首領。老奸巨猾的司馬懿繼續拿出他無比的耐心——之前這股耐心對付的是諸葛亮，只守不攻，就等諸葛亮死亡——裝病飄然遠離政權核心，一副與世無爭、大去之期不遠矣的樣子。

曹爽是個沒什麼腦袋的武人，看到司馬懿又老（當時已屆耳順之年）又病，自以為大權在握，無人威脅。他縱容親信隨意占據田產，竊取官物，自己也毫不客氣地占用已故魏明帝的老婆們，每天都在飲酒作樂，享用滿堂妻妾，生活豪奢不檢點，飲食與車馬的排場幾乎與皇帝相同。還常常與掌握禁軍的弟弟曹羲出洛陽城遊玩，一點都沒想到萬一有人把城門關上，就可能再也回不來。這一天終於來了。

老謀深算的司馬懿，趁著魏少帝與曹爽出城到高平陵掃墓那一天，發動政變，先逼郭太后免去曹爽職位，再關閉洛陽城門，率軍橫斷在洛陽城外，派人送奏章給曹芳，一條一條列舉曹爽的罪狀，跋扈已久的曹爽雖無大惡，倒也真的有很多小辮子可以抓，說不定魏少帝聽得心中也頗為贊同。曹爽進退不得，只好答應放棄政權，下一步，司馬懿毫不客氣地讓曹家及其門客血流成河，三族一同斬首。這場發生在公元249年的事件，稱為「高平陵事變」。

但兩年後司馬懿真的病死了（這次不用裝），繼承者是他的大兒子司馬師。公元254年，曹芳也長大了，開始覺得被人當作傀儡皇帝有點繁悶，改立夏侯玄為大將軍，意圖罷免司馬師。不料消息洩漏，司馬師先一步動作，把涉及政變者全部殺光光，但氣憤難消，乾脆把這不識相的皇帝廢掉，立14歲的曹

髦為皇帝（小孩子好控制）。公元255年司馬師過世，權力落到司馬昭手上。

　　小毛孩曹髦其實是個才子，擅長寫詩文，琴棋書畫樣樣通，也深深明白自己身為傀儡的處境。慢慢長大後，對司馬昭的專權愈來愈不滿，產生了將之除去之心。公元260年，決定討伐司馬昭前，曹髦說出了歷史名言：「司馬昭之心，路人皆知也！」無奈的是，當時的魏帝完全沒有後援，連找來幫他反司馬昭的人，都急著向司馬昭通風報信。曹髦最後死於穿胸的一劍，才20歲。司馬昭也真是能幹，趕忙將弒君的罪全部推給成濟，以「大逆不道罪」誅殺成濟一族，然後立曹奐為魏元帝。

　　又來一個14歲的小皇帝！好在曹奐乖乖地作傀儡，後來也乖乖地讓位，保全自己的一生。公元263年，鄧艾和鍾會南伐蜀漢，司馬昭因伐蜀的功勞被封為晉公，蜀漢滅亡後又加爵為晉王（估計也是自己命皇帝封的）。司馬昭死後，兒子司馬炎繼位晉王。

分不清誰是正統

　　歷史上稱「魏晉南北朝」而不稱「蜀晉南北朝」或「吳晉南北朝」，可見是將曹魏作為正統。一來魏繼承了漢；再者中原（今河南省以及黃河中下游一帶）屬於其領有的地域，此地自古被視為華夏民族的中心；第三則與寫史的人所處時代背景或政治需要有關。例如陳壽所寫的《三國志》裡，只有曹魏帝王是真皇帝，另外兩國算是亂黨割據勢力。不過等到自命為正統的朝代被迫偏安南方時，中原離他們既已遙遠，看待歷史的

角度也會轉變。

東晉習鑿齒作《漢晉春秋》，正統便改為蜀漢；南宋的朱熹也在《通鑑綱目》中，尊蜀漢為正統。而為大眾所熟知的《三國演義》，曹操的角色已成為奸雄（京劇裡只能扮演花臉），這又是因為時代氛圍強調敬重義氣、忠君愛國，故劉關張的友情、諸葛亮的鞠躬盡瘁，被加重強調或放大處理。兼之為突出文學或戲劇效果，諸葛亮變成了無所不能的神人，風流倜儻的周瑜則倒楣地被醜化為小人。

既然對「正統」的理解隨時間改變，那麼三國可算是「正統未明」的時代。（奇怪，怎麼沒人稱吳國為正統？）但本書既是魏晉南北朝史，姑且以「魏」為主軸。曹魏說得上是個特別的朝代，如果從被追封武帝的曹操開始算，曹操、曹丕、曹叡三代，都是頭腦聰明的文學家與政治家。歷史上這種三代皆豪傑的場景，實在是不多見。且曹魏始於篡位，終於被篡位，也算是個歷史奇觀。

在歷史輪迴中滅亡的西晉

　　公元265年底，司馬炎舉行禪位禮，從魏帝曹奐手中接下皇帝寶座，國號為晉。歷朝皇帝一上任，最愛在祖廟中順便幫先人劃個帝位來坐坐，晉武帝也不例外。他追封爺爺司馬懿為晉宣帝，大伯司馬師為晉景帝，他老爹司馬昭——本來已經做好準備（建天子旌旗、同皇帝樂舞、稱世子為太子）要篡位可惜死得太早，自然不能缺席，追封為晉文帝。司馬氏整個家族宗室通通有獎，每個都封為王，獲得一塊領地。

　　被篡位的曹奐是縱橫三國的魏王——曹操的孫子，當年才20歲。由於上一任魏帝曹髦想從司馬氏手中奪回權力被殺，曹奐才有機會繼位，雖然是個傀儡，司馬炎待他真是不錯。曹奐禪讓後不僅被封為陳留王，還保有皇帝儀仗，可用皇家禮儀祭祖，司馬炎甚至允許他不必以臣下自稱。此後曹奐一直活到晉惠帝太安元年（303），死後以皇帝禮葬，還被追封為魏元帝。特別敘述這段，是因為這乃魏晉南北朝最文明又寬大的一次朝代更替了，往後大多都是血淚狂噴、顱肢飛灑的限制級畫面（看官請有心理準備）。

一統江湖的西晉

　　蜀漢的劉阿斗早於司馬昭時代（263），被鄧艾與鍾會所平滅。故晉武帝上任後第一件要緊事，自然是平定東吳，一統江湖。公元279年，採用已故征南大將軍羊祜的策略：「伐吳必

藉上流之勢」，出動六支軍隊，沿長江而下，進軍建業（今南京）。到底是東吳兵力太弱還是晉師進攻有方，總之軍隊勢如破竹，節節勝利，順利滅亡吳國，結束自董卓亂政以後延續90年分裂割據局面。

偉大的三國時代結束了！有人說三國能人備出，但同步殞落。當三國終於統一，領導人卻是晉武帝司馬炎這個平庸之材。雖然順利平吳，但西晉的內政從一開始就走上腐敗之途。西晉初年，晉武帝還作戲式地頒布「禁奢侈令」，但隨後自己的「身教」讓全國大解放。司馬炎個人率先追求荒淫奢華的生活，後宮號稱「萬人」，難怪要不斷花錢蓋宮室。錢從哪裡來？堂堂一國之君，擁有最多的「產品」就是官位了，為了本王財庫的穩定進帳，那咱們就來賣官吧！

西晉的宮廷官員也不客氣地仿效吾王，爭相比賽誰有比較多錢可以浪費，諸如把蠟燭當木柴用來燒飯、用飴糖來洗鍋子（這樣可以洗乾淨？）等，統治集團紛紛過著糜爛奢侈的生活。士大夫還為自己的行為脫罪，聲稱是嚮往老莊、追求「自然為體」的無拘無束生活，一時清談蔚為風尚。滿朝的貴族與士人當中，只剩一些頭腦還清醒的人，說這些奢靡行為簡直比天災還可怕，但如此風尚根深蒂固難以動搖。總之，西晉初年，政治上已是賄賂公行，士大夫以勤儉為恥，禮法刑政大壞。當內部亂成一團，賈后亂政與八王爭權就來了。

司馬諸王一起來亂

司馬炎死後，史上以天真無邪著稱的晉惠帝司馬衷登場

了。當宮廷奢靡成性，民間卻餓殍成堆，聽到百姓無飯可吃，司馬衷發出千古名言：「何不食肉糜？」（怎麼不吃肉啊？）這到底是糊塗還是腦殘，姑且不論，但可以確定的是，此人治理下的國家，想奪權的人絕對有機可乘！司馬衷的老婆賈南風（史稱賈后）眼見丈夫無能，趕緊出來呼風喚雨一番。

　　賈后先除掉朝中權大勢大的楊駿一家，再鬥倒不是自己所生的太子司馬遹。接下來為了鞏固自己的地位，特地把趙王司馬倫請入京城，擔任禁軍將領。諸王本來在各地鎮守得好好的，看到宮裡亂成一團也還沒機會插手。現在趙王被邀請進城，聽說了禁軍對賈后殺太子不滿，便聯合梁王司馬彤舉兵討伐賈氏。賈后引狼入室，結果自己反倒被趙王廢殺。司馬倫除去賈后及其黨羽後，朝中權臣一空，便封自己為相國，連帶掌握軍權，在朝中自由進出。不久，乾脆廢掉無能的晉惠帝，自己稱王。

　　這一稱王可不得了，各地的司馬氏看不下去，都要出來主持公道。沒錯！以下就是歷史上著名的「八王之亂」。其實從頭到尾參與的窩囊司馬家族不只八王，只因其中八位王爺的傳記，剛好同在《晉書》列傳第29卷，故稱「八王之亂」。而要詳盡介紹這些殺來殺去、頭手滿地滾的親戚，實在無趣且反胃，因此讓我們來速戰速決，不要聚焦在計數到底出現幾個司馬。

　　首先，鎮東大將軍司馬冏出聲了：「身為晉文帝（記得嗎這是司馬昭）之孫、景帝（這是司馬師）之繼嗣（因為他爸過繼給司馬師），即使你司馬倫算起來是我爺爺輩（因為司馬倫

是司馬昭的弟弟），也不能跟你善罷干休！」公元301年，司馬冏聯合了成都王司馬穎、河間王司馬顒，攻入洛陽，將司馬倫斬首。晉惠帝復位後，司馬冏便掌握大權。

　　舉凡進攻敵人時，目標相同必定團結。當敵人消失，利益分配不均，還沒加入戰局的司馬諸王也虎視眈眈，戰亂再起。晉惠帝復位隔年，換司馬顒聯合長沙王司馬乂，舉兵進攻司馬冏。司馬顒城府很深，本來預計司馬乂應該會被司馬冏所殺，這樣他就可以發檄文給天下，讓大家一起討伐司馬冏。不料司馬冏太讓人失望了，不但被殺，大權也順勢落到司馬乂身上。於是司馬顒又找了司馬穎二度合作，進攻洛陽。這一戰雙方共出動30萬大軍，起先固守洛陽的司馬乂屢敗敵軍，但後來遭到算計：東海王司馬越進來攪局，勾結禁軍拘捕司馬乂，司馬乂的下場是被烈火活活烤死（接下來請開始習慣這類驚悚場面）。

　　估計各位看官已經頭昏腦脹，接下來的爭權奪利過程容我簡化言之：司馬穎成為皇太弟，居功自傲，司馬越看不慣便出兵打他，可惜打輸了，先逃回封國再說。司馬顒一派人馬趁亂占領洛陽，削去司馬穎的皇太弟封號。得勢的司馬顒沒風光太久，就被東山再起的司馬越趕到長白山上。沒人考量晉惠帝在這幾場亂事中也很辛苦，他被諸王搶來搶去，四處奔波遷徙，然而最終還是落得被司馬越毒殺的下場。公元306年11月惠帝死後，司馬越擁立晉懷帝司馬熾為王。皇帝才登基不久，司馬越便假皇帝詔書，請司馬顒回洛陽擔任宰相。還沒進京，司馬越的老弟司馬模就派部將攔住司馬顒車隊，在車上將尚未上任的

「宰相」活活掐死，再將他三個兒子一併「解決」。由於亂事主角司馬穎、司馬顒相繼死亡，歷時16年（291～306）的「八王之亂」終於落幕了。

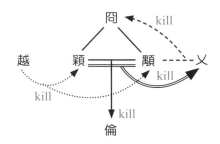

非常簡化之「八王之亂」

　　看來東海王司馬越是最大贏家，覬覦皇帝權力的兄弟都死得差不多，也沒人可與他爭權了。姑且不論皇室滿堆白骨、血流成河的代價，在這場骨肉相殘、漫天戰亂的背後，百姓流離失所、死傷一片，農田也都荒廢耕作。一國最基礎的農民崩潰，流亡成難民兵團，國家必定搖搖欲墜，充分給了邊疆民族崛起的好時機。

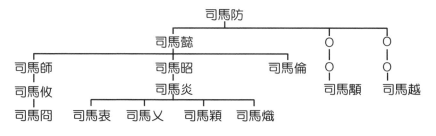

司馬氏五世簡譜

就這樣半滅亡了，一個剛建立的國家

晉懷帝司馬熾，是司馬炎最小的兒子，一上任便恢復傳統制度，認真和文武官員討論政事，頗有一個皇帝的樣子，看在司馬越眼裡很不是滋味。（老子扶立你是要你乖乖聽話，誰叫你那麼專心政事？）晉懷帝極想要有一番作為，卻處處受制於司馬越。懷帝任命自己信賴的中書監（管立法）、太僕卿（管交通），並將尚書、太史令等納入決策幕僚會議。司馬越開始疑心中央要與他作對，公元309年，司馬越下令一支武裝部隊直接闖入皇宮，在晉懷帝面前逮捕皇帝的親信繆播等人，宣稱他們謀反，全部處死，連懷帝的舅舅王延也不放過。身為皇帝的司馬熾束手無策，只能流淚嘆息。

早在公元304年，亦即八王還在亂的時候，匈奴人劉淵已無視晉朝，在平陽（今山西臨汾）稱漢王。羯人石勒、漢人王彌都來依附，大家哥倆好準備攻下洛陽。公元310年，三方人馬逐步攻取洛陽附近的塢堡，影響洛陽的糧食供應。被包圍的晉室孤立無援，身為老大的司馬越趕緊向全國傳達緊急軍令，命各地派兵來救。然而幾乎沒人理會，唯一出兵來救的王萬軍隊，行到途中就被飢餓的難民打敗。

因為乏度量、多疑忌，已經失去人心的司馬越，這時只想趕快逃離洛陽。便對皇帝說他要領四萬大軍前去討伐石勒，晉懷帝大驚，洛陽都快失守了你還要把大軍開走！但司馬越執意（逃走），順道帶走朝中有戰鬥力、有聲望的人，組成自己的流動政府，完全罔顧皇帝與京城安危，卻還要遙控京城內一舉一動。揚州都督周馥上書皇帝請求遷都，司馬越得知後氣

得跳腳，要周馥前來跟他解釋，因為此人竟敢不透過他直接上書皇帝！（不過周馥不鳥他，因為司馬越人不在京城抓不到我啊！）

孤立無援的晉懷帝司馬熾實在恨極了司馬越，下密詔給青州（今山東省北部）刺史苟晞要他討伐司馬越，結果被司馬越破獲密詔。司馬越再度怒火中燒，命袞州（今山東省西部）、徐州（今江蘇省北部）刺史討伐苟晞。歷經殘忍戰亂、手染親族鮮血、又多次怒急攻心，司馬越於公元311年病死在項城。晉懷帝終於可以出一口氣了，他發出詔書，將司馬越貶為縣王。

護送司馬越靈柩、預備往山東的大軍，被石勒追擊到手，團團圍住，騎兵毫不留情地朝晉軍射箭。一大批王公貴族、士兵、庶民，在慌張奔逃中互相踐踏，死傷一片。石勒將活捉到的司馬諸王與皇親國戚，關在屋裡，半夜推倒屋牆全數壓死，再劈開司馬越的棺材，聲稱此人亂天下，我燒毀其身以示天下（還不錯可以火葬）。

還在洛陽的晉懷帝，錯過了好幾次遷都時機。洛陽城早已陷入全民饑饉、盜匪橫行的處境，荒蕪一片，淪落到人吃人的地步，等到這時，懷帝想走也走不了了。漢趙帝國皇帝劉聰（劉淵於310年過世了）下令向洛陽發動總攻擊（其實已經不攻自破），劉曜、王彌、石勒都率大軍趕過來會合。公元311年6月，大軍進入宮殿搶劫，晉懷帝被生擒，太子等官員則全數被誅殺。劉曜命人挖出晉朝歷代皇室墳墓，將帝王棺柩、皇帝家廟、政府官署一併燒毀，洛陽城陷入一片火海。（挖出來又燒掉，是沒事做還是怎樣？）

晉朝各地的州長、郡長得知洛陽慘事，紛紛集結兵力，各地漢人也起來響應，石勒、劉曜軍隊多次被擊敗。（看司馬氏多失人心，早一點集結就能救國了）由於晉懷帝被拘留在劉聰手裡，晉臣賈疋等人擁立秦王司馬業為皇太子。公元313年，晉懷帝被劉聰殺死，在長安的司馬業即位，是為晉愍帝。此時的長安困苦荒涼，居民不滿一百戶，整個帝國的財產打包起來，只有四輛牛車，文武官員沒有官服、也沒有印璽。

公元316年，劉曜大軍一步步進逼長安，城內糧食耗盡，物價飛漲，晉愍帝最後決定投降。長安陷落後，駐守建業（今南京）的琅邪王司馬睿收到愍帝的詔書（不知是不是真的），要司馬睿統御天下，於是司馬睿在317年登上晉王王位。

西晉於愍帝投降之際，可說已經滅亡於國號為「漢」的匈奴人。劉淵建國之際，自認先人與漢結為兄弟，故其帝國承繼漢朝正統。漢之亡，來自曹氏的篡位；曹魏之亡，來自司馬氏篡位；如今司馬氏亡於「漢」，可說是莫名巧合的歷史輪迴啊！

西晉大事

公元	事　　件
265	晉武帝司馬炎篡位，曹魏滅
280	三國吳被滅
290	晉惠帝司馬衷即位
291	八王之亂開始
304	匈奴人劉淵稱漢王

江南真美好啊東晉

公元307年，琅邪王司馬睿被任命為安東將軍，前往楊州鎮守。江南是昔日東吳勢力範圍，儘管被西晉滅亡，地方大族經濟實力堅強、地位屹立不搖，根本看不起西晉派來的司馬睿，對他不理不睬當空氣一般。到職很久以後，地方的士人一個也沒來拜碼頭，司馬睿深感沮喪，常常藉酒消愁（本身也是貪杯之人，只是多了乾杯藉口）。

還好，司馬睿身邊有一個好朋友兼智多星王導，深諳人心，他在東吳士人面前，導演了一場司馬睿形象莊重、衛隊壯觀森嚴的戲劇（生在現代他一定可以成為王導演——簡稱還是王導）。在一場慶典活動中，司馬睿假意前往祭祀水神，王導命人準備一座高級轎子，特別不加遮陽的篷蓋，好讓大家看清楚司馬睿從容威儀的相貌，北方大族與知名士人則騎馬尾隨在後，侍衛齊整有秩序，整個呈現出帝王出遊的排場與架勢。江南大族顧榮、賀循等人在路旁看得呆了，不自覺地拱手參拜。王導第一幕，成功！

緊接著，王導親自拜訪各大世族領導人，延攬他們接受官位，齊來輔佐司馬睿。司馬睿也聽從王導意見，重用當地士人，並為了自身形象與親政時清醒的頭腦，下定決心戒酒。在王導得宜的政策下，加上西晉末年局勢動盪——流民不斷起事、北方胡族南侵，讓江南士人開始覺得有個軍隊來保護他們很不錯，逐漸改變對司馬睿的態度。經過十年的努力，司馬睿

在江南站穩了腳跟。公元318年，晉愍帝司馬業死訊傳至健康，司馬睿便從晉王改稱皇帝，史稱晉元帝。

面對反叛裝沒事，皇帝對世族沒輒

比起西晉那些相互屠殺的司馬氏，司馬睿看來真是一時俊傑，既能接納建言，又能勤於政事，史稱其「恭儉退讓，沉敏有度量」。然而司馬睿為人無甚雄略，才一開國，便決心在南方好好過活，北方亂成一團就去亂吧！好在王導也是這麼想，無怪乎兩人合作無間、互為好友一輩子。但即使偏安江南，司馬睿心中仍有說不出的苦惱，他一方面要忍讓江南大族的強勢，再方面還得包容北方世族的蠻橫。

江南大族雖然接受了司馬睿，但晉朝遺族整體南遷後，雙方開始產生實質的政權與經濟利益衝突。自中原南遷的僑族大姓跋扈成慣，連皇帝都要敬他們三分，因為他們是東晉政權最主要的組成分子。但看在江南世族眼裡，你們不過是一批喪家的流亡難民，竟然在朝中與我等爭權，這也就罷了，還想在我們的經營多年土地農田上分一杯羹。司馬睿看似夾在中間的小媳婦，其實他也是北方人，難免對南人保有戒心。周玘、周勰父子先後起兵叛變，但皆在籌備之際就遭到告發，如果是在別的朝代，結局一定是殺殺殺，看要誅三族還是五族，但晉元帝只能裝沒事，私下搞個小動作羞辱他們而已。

除了南方人的威脅，晉元帝還要面對北方大族的專權。王導為人正直，忠於晉室，但他堂弟王敦可不是這麼回事。王敦一開始協助司馬睿在江南建立威望，但並沒有擁立他為王的意

願，他想自己當皇帝。擅長兵家之事的王敦，很快就掌控整個長江上游的軍隊，不將已經即位的司馬睿看在眼裡。連任免將官前也懶得等皇帝批准，自己專斷決議，割據一方的企圖日漸明顯，逼得晉元帝以討伐石勒為名，防範王敦為實，作了一番軍事部署。然而該來的總是要來，公元322年，王敦在武昌起兵，相當短的時間就進入建康（今南京城），自任丞相，掌握大權，在武昌遙控朝政。晉元帝司馬睿毫無皇帝威嚴，就在這年憂憤而死。

公元323年新皇帝登基，為司馬睿的長子司馬紹。司馬紹自幼聰慧，文武雙全又極為孝順，王敦攻入建業時本想廢掉他的太子位，終因其在朝中威望甚高而作罷，但仍無禮地呼他「黃鬚鮮卑奴」，司馬紹的黃鬚來自混有鮮卑血統的母親，此時漢族與胡族雖已交融，偏安南方的東晉仍屬保守，對「非我族類」者進行抨擊。晉明帝即位時，王敦之亂尚未平定，王敦雖已病重，仍時時妄想篡奪帝位。

晉明帝重整軍備，並積極防護京師建康，最後成功於公元324年七月平定王敦之亂。但事後，並不追究王敦一眾官屬，且繼續任用琅邪王室家族成員為官。可見東晉門閥政治不容動搖，皇帝對於世家大族必須盡可能讓步，絕不會走上全族誅戮的地步。就某方面來說，這樣的妥協實質上減少了亂世的殺戮。

何必北伐？沒人想回洛陽

東晉開國以前，北伐名將祖逖憑藉沒有誠意的政客（就是

32

指司馬睿），給他的千人份糧食、三千匹布，自行招募士兵、鑄造兵器，在黃河沿岸數度痛擊了漢趙大將軍石勒。石勒可是個匈奴人啊！會打仗得不得了，祖逖究竟憑什麼與之對抗？在漢趙帝國的威脅下，當時大戶人家皆築營塢堡（類似圍城）、建立部曲（私人軍隊）以求自保。祖逖除了打仗，更花費了不少唇舌說服各大塢主給予他支援，在大家同心協力下，黃河以南的地方竟全部收復。正當他準備向黃河以北推進，意圖恢復江山，已經建國的東晉卻發生統治階級的內部矛盾——王敦正在蠢蠢欲動準備叛變。握有兵權的祖逖同時被朝廷畏憚，處處受到牽制，於公元321年抑鬱而死。

　　平定蘇峻之亂（庶族反對世族的內亂）後，征西將軍庾亮也興起北伐念頭。他興匆匆地備妥十萬大軍，便上書給晉成帝，希望獲得物質與精神上的支持。然而在東晉朝廷中，北伐一向是個不受歡迎的議題，一提出來馬上有人打槍。滿朝官員只有王導（哇！他還在耶）支持他，好巧不巧，石勒剛好發兵來攻，東晉慘敗，庾亮更失去了北伐的說服力，悲憤而死。（在中國古代「悲憤」可能是十大死因之一）

　　公元343年，庾亮的弟弟庾翼念念不忘兄長之志，銳意北伐。當時剛即位的晉康帝是已故晉成帝的弟弟，本來未必有資格繼位，仰賴庾氏兄弟的支持才登上寶座。或許因為這個原因，朝廷同意庾翼北伐，然而才出兵不久便告戰敗。庾翼也在公元345年病死。東晉既然打仗這麼窩囊，不要堅持北伐了吧！但亂世總有勇將，屢敗還要屢戰。而後投入北伐的褚裒、殷浩，也是出兵不久便告失敗，損失慘重。殷浩還因此被桓溫參

奏，貶其身分為庶人，發配邊地。在那個重視名分的時代，真是慘烈的結局。

後期北伐較有成就者，當推桓溫。桓溫曾平定蜀地，滅亡成漢，在朝廷人氣指數直線上升。但他握有長江上游區域的軍政大權，朝廷非常擔心他起兵反叛，多次拒絕桓溫的北伐陳請。直到褚裒、殷浩接連失敗，朝廷再也找不到理由阻止他北伐，就讓他出發了。公元354年，桓溫一出馬就攻下前秦的都城，當地漢人居民紛紛持酒、灑淚歡迎他。後來因為糧運不繼，被迫退兵。但兩年後，他再度帶兵擊敗羌人姚襄，攻下西晉昔日首都洛陽。桓溫立即上表朝廷還都洛陽，並主張南遷的北方世族全部搬回河南。這時東晉已在江南耕耘近四十年，沒人願意回到荒涼還得花功夫重建的洛陽城，因此朝臣紛紛反對遷都。

前燕慕容氏實力不斷增長，洛陽時時籠罩在被鮮卑人包圍的陰影下。終於在公元365年，洛陽被慕容恪攻占。公元369年，桓溫第二次北伐，雖一度擊潰前燕部隊，但再度因糧草不繼退兵。這次退得不大順利，被慕容垂前後夾擊，死傷慘重。之前收復淮河以北的土地，全部喪失。

其實東晉大多數人對於北伐興致缺缺，從開國皇帝司馬睿開始，便無心南北統一。銳意北伐者，大多懷有私心，想要藉此擁有兵權（如桓溫），或想要抵制他人勢力（如殷浩）。朝廷不是笨蛋，自然可以看出這群武人的野心，因此不會給予太大的支援。以東晉的實際情況來看，即使收復失地，也不可能將朝廷北遷回去。北伐與否，真的要慎思啊！

34

守比攻更有動力，來吧淝水之戰！

公元372年，11歲的晉孝武帝司馬曜即位。隔年，一直想篡位、在朝中橫行霸道多年的桓溫逝世，由謝安執掌朝政，開啟東晉一個新的局面。司馬曜14歲親政，三年內改革稅制，每人收米三斛，並免除當兵者的稅收，經濟一片欣欣向榮。此時北方前秦帝國愈發強盛，東晉開始警覺，招募將才抵禦北敵。內舉不避親，謝安保薦了自己的姪兒謝玄，謝玄也很爭氣地招募到名將劉牢之、諸葛侃等人，創建一支戰無不勝的「北府兵」。

公元375年，北方的前秦帝國正面臨關鍵時刻，名臣王猛正在病中，命不長了。死前，王猛留下「千萬不可南征東晉」的遺言。苻堅為王猛的死痛哭流涕，但絲毫無動搖他一統天下的決心。公元383年，苻堅集結了號稱百萬的大軍，準備南攻東晉。這支百萬雜牌大軍，由漢人、鮮卑人、羌人、羯人，以及苻堅本族氐人所組成，大軍一出動，連結起來有千里之長，讓苻堅得意地說：大家把馬鞭投向河裡都足以斷流。這個聲勢浩大的軍隊，由苻融領兵三十萬，作為先鋒。

東晉朝臣聽聞前秦大軍駕臨，無不驚惶失措。只有宰相謝安悠然在那邊下棋，還出去玩到半夜才回府。面臨亡國一瞬間的時刻，有如此行為舉止，不是人太蠢就是在作戲。謝安是個有文才、懂治略的人，其實他早已部署妥當，傳授戰勝的錦囊。反正在國內也沒什麼事做，不如就來齣「東晉名士從容應敵劇」。

在苻融的攻勢下，壽春很快失守。苻堅派東晉降將朱序

（原是襄陽太守），來勸降謝石等人。朱序一見到謝石，便告訴他苻堅大軍其實還沒全部到齊，最好趁這個機會擊潰前線，等到大軍集合完畢就來不及了。於是劉牢之率領精兵五千渡水出擊，取得了出戰的勝利。晉軍將軍隊往前開，隔著淝水和苻堅軍隊對望。苻堅一直覺得東晉很弱，認為南征是替天行道，等到登上城，隔江看到嚴整以待的晉軍，開始有一點害怕。這時謝玄放話過來，何不讓吾等渡過淝水，咱們爽快地打一架！苻堅的部下都說萬萬不可，但苻堅認為讓敵軍渡河很好啊！等你們渡到一半，本王再發出亂箭、同時出動騎兵踩死你們。

　　苻堅本人一定讀過《孫子・行軍篇》，裡面提到「半渡而擊」這個撇步，亦即不要衝到河裡去打殺，而是等到對方軍隊一半剛過完河還很狼狽，另一半仍在努力過河，此時給予迎頭痛擊。可是前秦軍隊人多占空間，都把河岸站滿了，是叫我等如何渡河？苻堅也不知道在想什麼，估計是想學宋襄公的「仁義之師」──好啊那我就等你渡河──這套把戲。於是他作了一個有史以來最錯誤的決定：「各位弟兄們，我們稍稍退後一點讓晉軍渡河吧！」

　　號稱百萬大軍的前秦隊伍，線拉得很長，光是叫大家「向後轉」，話傳過去就要花多少時間！那時又沒有麥克風，因此這場後退實在退得亂七八糟、不可遏止！等到他們回過神來，渡河的晉軍，刀子舉起已經殺過來了。騎著戰馬的苻融不幸摔下馬來，被晉軍一刀就嗚呼哀哉。前秦軍隊中的漢人趕緊來扯個後腿，直呼「秦軍已敗」！聽得前秦軍隊人心惶惶，馬騎亂馳，自相踐踏，死了七八成人。謝玄等人蜂擁而上，最後收復

壽陽。苻堅在混亂中也中了一箭，負傷逃回淮北。

東晉怎麼沒有乘勝追擊、往北行進，再次收復洛陽呢？就說過他們對北方沒興趣嘛！你要來打我，不迎戰就會滅國，自是全力以赴。但要主動出擊北方，來個一統江湖什麼的，東晉實在敬謝不敏。整個魏晉南北朝時代，南方的漢人覺得偏安在江南真美好，反倒是北方的胡人政權繼承了秦漢王朝的「統一」思想，「漢化」得真是徹底。

朝內鬥爭，朝外民亂

淝水之戰結束後，來自外部的威脅一解除，東晉朝廷陷入爭權奪利的鬥爭。孝武帝在淝水戰前就憂懼謝安勢力太大，故戰後將之排擠出朝廷，改重用自己的弟弟司馬道子。謝安死後，司馬道子成為宰相，朝中風氣一變，奢靡腐化的氣息重新流行起來（上一檔流行是在西晉武帝時期）。歷朝皇帝都扮演著流行的帶原者，戰國時代齊桓公愛紫色的衣服，全國紫衣價格大漲；如今孝武帝沉緬酒色，其弟以至於一批同黨也爭相聚斂、揮霍財物。孝武帝本身是個酒鬼，一年當中沒幾天清醒，看在臣下眼裡非常窩囊。王恭、殷仲堪等人渴望恢復謝安當政時的清平儉約，於是和司馬道子槓上，兩派劇烈鬥爭。

公元396年，孝武帝酒醉後笑張貴人年華不再，當晚張貴人就氣得用棉被悶死他。繼位的太子司馬德宗，是個不會說話、冬夏天也分不清楚的傻子，司馬道子一派權勢更大，準備誅殺反對派王恭了。王恭搶在前面，先在京口舉兵，殷仲堪、桓玄皆起兵響應，把北府兵首領劉牢之也拉進來攪和，本該保衛東

晉的北府兵，如今轉為攻擊朝廷。雖然最後劉牢之倒戈回到東晉，但桓玄最後還是占據荊州，在此發展與朝廷敵對的勢力。

司馬道子和他老哥一樣愛喝酒，同時還是個病貓，故大權轉移到其子司馬元顯手上。司馬元顯為了籌組一支對抗桓玄的軍隊，命令原先是奴隸、但已經被放免為佃農（免奴為客）者，必須進入京城服役。對世家大族來說，此舉搶奪了為他們耕種的佃農；對佃農來說，本來已經不用當奴隸，如今又被剝奪自由，雙方對此詔令都極為反彈。東晉政府一下子失去大半民心。

公元399年，五斗米道領導人孫恩起兵為亂，浙東世家大族紛紛響應。這當中有宗教衝突，亦有政治因素，與朝廷的「免奴為客者充兵」的政策肯定脫不了關係。孫恩的軍隊迅速占據浙東八郡，震動朝廷，東晉政府趕緊派出北府兵平亂。北府兵不愧為戰略高手，孫恩兩度被逼退兵至海島（可能是今日的舟山群島），最後被劉牢之的手下劉裕擊潰，投海而死。孫恩死後，妹夫盧循成為新領袖，往後又為亂至公元411年，才被劉裕平定。

當東晉與孫恩打得如火如荼之時，桓玄趁機行動，在長江上游擴編軍隊，召集流民建村立郡，不斷擴展其勢力。孫恩之亂差不多終結時，他便收買北府兵首腦劉牢之，殺進建康。公元403年，桓玄逼晉安帝司馬德宗退位，自己當皇帝，實現了他老爹桓溫一生的夢想。然而，桓玄除了繼承帝位，也繼承了東晉的荒淫驕奢，因此不久就被劉裕領兵打敗。公元405年，劉裕迎回晉安帝司馬德宗復位，自此成為東晉的掌權新星。這位新

星派王韶之勒死傻子皇帝司馬德宗，另立司馬德文為晉恭帝。接下來你就知道了，劉裕最後逼晉恭帝退位，開啟了南朝宋的新時代。

　　東晉偏安江左104年，歷經11個皇帝，比西晉多存活了一倍時間。但東晉一個皇帝平均當不到10年，第二任到第五任皇帝更是連續早夭（平均年齡約23歲），朝中政治大多由權臣把持，真是有點悲慘的一個朝代。本朝最大的特色，就是世族力量無與倫比地強大，有良心一點的會尊重一下皇帝司馬氏，稍微凶猛的就將皇帝當傀儡，或是直接廢掉。最後三任皇帝都死於非命，而殺死最後兩位皇帝的，就是即將登上歷史舞台的劉裕劉大人。

東晉大事

公元	事　　件
318	晉元帝司馬睿即位
322	王敦之亂
323	晉明帝司馬紹即位
324	平定王敦之亂
325	晉成帝司馬衍即位
327	蘇峻之亂
329	平定蘇峻之亂
341	東晉第二次土斷
342	晉康帝司馬岳即位
343	庾翼上書要求北伐

好想跳過的五胡十六國

　　當南方政權是東西晉、南朝宋的更迭交替，同時充滿權謀、篡位、憂懼外族入侵的景況，北方則是史上以混亂著稱的十六國時代。這段時間從公元304年匈奴人建立漢帝國開始，至439年北魏統一北方為止，共136年。以道德的角度檢視，十六國在中原的統治充滿暴虐與殺戮，亦導致民族間互相歧視，經濟更是受到嚴重破壞，餓殍遍野，人民四下流散，故以往的史觀總稱此時期為「五胡亂華」時代。但正因為經歷這個大混亂的時期，中國各地民族混居融合，互相浸染文化，才有一個半世紀後文化底蘊豐富又心胸開闊的隋唐盛世。因此，在我看來，應該改稱為「五胡興華」。

　　歷史上雖稱五胡十六國，其實這段時間共建立了二十多個國家，建立者也不限於匈奴、羯、鮮卑、氐、羌五胡，亦有漢人建立的國家。國家名稱雖不過漢、趙、涼、魏、秦、燕、夏等七款（四個跟戰國七雄同名，漢、夏為朝代名，僅「涼」比較有新意），卻因不同政權的國名多有重複，且為避免和歷史上朝代名稱混淆，故在前面冠上「前」、「後」或方位等字。但同樣國名者之間未必有關聯，類似國名者在時序上也少有前後繼承（如前秦為氐族所建，後秦卻是羌族所建），玩家（好啦是「讀史者」）要特別注意。

匈奴是漢朝的繼承者？

匈奴在漢朝時，被離間為南北匈奴，其中的南匈奴親近漢朝，自認是漢朝的姻親。公元251年，南匈奴的單于欒提氏，自己將姓氏改為劉。曹操統一北方後，擔心匈奴謀反，故將當時的單于軟禁在鄴城，再將南匈奴帝國分成五部，每部設立一位統帥，至此，南匈奴帝國算是滅亡了。

在五部匈奴當中，左部最強，左部統率劉豹的兒子劉淵，自小就學習漢人的經書與史書，聰明伶俐、見識卓越。此外，相貌英俊魁梧，騎馬射箭樣樣通，力氣也大過常人，簡直就是文武雙全、一時俊傑。劉淵不僅受到西晉世族王濟的賞識，皇帝司馬炎也驚嘆有此人才！但朝中大臣皆發出警訊，認為劉淵一個外族人，萬一給他兵權，後果大大不妙。司馬炎才放棄讓劉淵帶兵平亂的念頭。

劉豹逝世後，劉淵繼任左部統率，由於劉淵善於交友、慷慨重義氣，匈奴五部的英雄豪傑都爭相與之結交。晉朝看他能控制匈奴，遂任命他為統領五部匈奴的大都督。此舉恰恰違背曹操分匈奴為五部、刻意分化其勢力的用意，原來已經消失的「匈奴單于」，可以說重現江湖了。果然！西晉發生八王之亂時，劉淵被匈奴人推舉為大單于，儼然是匈奴王的身分。特別的是，他竟自認是漢朝的外甥，理應繼承已經滅亡的漢朝，故建立漢帝國，自稱漢王，還建皇家祭廟，追封蜀漢帝國的劉禪（對的就是劉阿斗兒）為孝懷皇帝。四年後正式稱皇帝，立年號，依劉氏血緣親疏分封郡王，做的完全是漢人搶到皇位後建國那一套，果然是讀漢人經典長大的！

　　當時各族武裝力量唯劉淵馬首是瞻，皆以劉淵為盟主，一同進攻已經軟趴趴的西晉。但才稱帝不久的劉淵，在公元310年過世，繼任皇帝劉和是個疑心病極重的人，受到挑撥，想除掉當時掌有十萬大軍的劉聰（劉淵庶子）。劉聰打架沒在怕的，直接反攻回朝廷，把劉和「喀擦一刀」結果掉，自己成為新王。劉聰即位後，命趙染、劉曜等出兵攻晉，並與石勒、王彌聯軍，攻陷了洛陽。但西晉滅亡後，各股軍事勢力展開衝突，石勒殺掉王彌後，王彌的部下占領山東，石勒則企圖割據河北一帶，脫離劉聰控制。此外，鮮卑慕容氏自東北內遷，拓拔氏也入據代北（山西北部、河北西北部），劉聰能掌控的範圍愈來愈小，離統一北方的霸主距離也愈來愈遠了。

　　史載劉聰跟他老爹一樣，年幼就文武雙全，不僅閱覽群書，也會寫文章，且臂力驚人，單手可以拉動三百斤的弓（將近75公斤）。個人才華雖似乃父，卻因殘忍暴虐不得人心。劉聰雖也「漢化」，繼承的卻是東漢皇帝寵幸宦官那套（該說國名取得好嗎？）。中常侍王沈、宣懷等因為劉聰的寵愛橫行霸道，劉聰熱衷在後宮舉辦酒宴，一喝醉就不上朝，國家大事都交給皇太子劉粲與王沈等人。王沈依據自己的意思隨意任免官員，把握時機巧取豪奪，整治個人豪華的服裝屋舍，將帝國搞得亂成一片。劉聰又聽信其讒言，誅殺皇太弟劉乂。劉乂統領氐、羌族，一向寬厚仁慈，故人心歸附。劉乂一死，兩族部落遂起來叛變。

　　公元318年劉聰死後，其子劉粲不僅即皇帝位，連同父親的妃子一同接手進房，且同樣荒淫不理政事。權臣靳準抓住

機會，發動叛變殺光劉粲家族，連婦幼都不放過，更挖掘劉聰、劉淵的墳墓，砍下劉聰的頭，焚燒家廟，奪取漢帝國政權。漢帝國宰相劉曜、驃騎大將軍石勒得知此事，分頭出兵討伐靳準。劉曜以劉淵族人身分，在大軍行進路上便繼位為帝，隔年遷都長安，以其發跡之地為戰國時趙國之地，改國號為「趙」，史稱前趙。

前後趙打打殺殺，終結在漢人手上

前趙承繼漢帝國而來，故亦可將兩者合稱為「漢趙帝國」。劉曜建國後，遷都長安，為了厚實長安經濟，他先後將氐、羌兩族二十萬餘人，隴右居民萬餘戶、秦州諸族二千餘戶遷往長安，關中在劉曜統治下，漸趨穩定，一次出兵的軍隊數目，可以上達28萬人。由於氐、羌二族都臣服於他，前趙帝國武力頗為強大。

劉曜上任皇帝後，明白羯人石勒也擁有非常大的軍事力量，故令石勒晉爵趙王。但兩大軍事集團間互有猜忌，石勒也不甘心一直臣服在劉曜足下。公元319年，石勒在左右臣下的推舉下，登基成為皇帝，因其本為趙王，國號仍使用趙，故被稱為「後趙」。前趙後趙本皆為劉淵下屬，現在分作兩家，彼此的矛盾與對立也愈發尖銳。公元324年起，兩國正式兵戎相見，每天都出兵偷襲對方，搶奪人口與牛馬。搞得人民日日驚慌，活在盜匪軍隊隨時出沒的恐懼中。

公元328年，石勒親率四萬步騎兵進攻劉曜。正在宮中喝酒把妹的劉曜嚇了一跳，連忙集結十餘萬部眾，準備迎戰，雙

方在洛陽城展開決定性的會戰。石勒身穿鎧甲，對前趙軍隊猛攻。劉曜當時已經年邁，出戰前又飲酒過多，身體搖搖晃晃。老天真是不幫忙，一騎上平日出戰的俊挺紅馬，馬兒的腳剛好抽筋，只好改躍上一匹小馬。馬才抵達西陽門，劉曜已經醉態可掬，最後被石勒生擒，不久處死，前趙的軍隊主力在這場戰役中幾乎被消滅。隔年，石勒便進軍長安，也陸續追捕劉曜的兒子，抓到後免不了又是一場家族大屠殺、王宮貴族大清倉，前趙滅亡。

　　石勒算是一號人物，雖不識字，常命左右講述歷史給他聽，自己更是將「兩漢失天下」的原因、「司馬氏骨肉相殘」的教訓，放在心中引以為鑑。為了方便統治，他在占領的地區施行各種方法，諸如胡漢分治、在各郡設置內史、設立太學與學官、制定律令，還實行九品中正法拉攏賢明的漢人。雖然他也殺了不少西晉滅亡後的官員與貴族，但對於有志氣、有腦袋的漢人世族，基本上他採取尊敬的態度。

　　公元333年石勒死後，繼位的石弘很快就被廢殺（從劉和、劉乂到石弘，嫡子繼位都活不久，真是前後趙共同的宿命），石虎成為皇帝。石虎是石勒的養子，驍勇善戰，也異常殘忍貪暴，殺妻斬子、狂暴徵稅、強奪民女、大興土木他樣樣不缺，使後趙突然降格成為人間舒適度最低的禽獸國家。石虎應該是罹患了重度的精神病，他以殺人為樂，下面的官員也以殺人為手段，完成石虎交代他們的任務：徵兵、徵民女、徵勞役，不交人出來就殺！殺！殺！整個帝國要成為神經病帝國了。

　　神經病皇帝石虎強徵民女高達三萬人，後宮大到無以復

加。此外，石虎有成堆的兒子，血統和老爹完全一脈相成，同樣殘忍狂暴，殺人如同家常便飯，彼此間也不睦，相互仇視，甚至計畫幹掉老爹，奪得帝位。石虎才一人，要抵擋一堆覬覦皇位的兒子也頗為辛苦，左右看來看去，只有10歲的幼子石世最天真可愛，可以立為太子。公元349年，在位16年的暴君石虎終於死了，兒子們開始明目張膽爭奪王位，殺戮大戰的結果，最後勝出的是漢人冉閔。冉閔將後趙滅亡後，建立魏國，史稱冉魏。

又一個三國鼎立！

公元350年，冉魏帝國成立。冉閔本名石閔，是石虎的養孫，自小聰明反應快，長大後則高大勇猛、擅長謀略。但他的出身是漢人，故誅殺後趙最後一任皇帝石鑒後，便恢復姓氏。一直以來，看著後趙帝國的羯人欺壓漢人，冉閔一掌權，便殺了二十餘萬的羯人，為漢人報仇，因而受到中原地區的漢人擁戴。但治國不易，冉閔不懂得團結北方漢人的力量，又持續和後趙的殘餘勢力作戰，導致實力大損。才三年，就被鮮卑人慕容儁所滅。

冉魏建國前一年（349），張重華在涼州（河西走廊一帶）稱帝，是為前涼。後一年（351），氏人苻健以長安為都城，十六國時代大名鼎鼎的「前秦」建立了！下一年（352），鮮卑人慕容儁以薊城（今天的北京）為都，自稱燕皇帝，前燕可說開始於此年（當然也可以向前追溯至鮮卑大單于慕容廆，或者被東晉封為燕王的慕容皝，但這樣故事就太長了）。

　　前涼的建立其實可以追溯到公元四世紀初，張軌被任命為涼州刺史開始。由於地處偏遠，涼州沒被中原的八王之亂、永嘉之禍波及，反倒成為避難人士愛來的場所。在張軌的治理下，農業穩定發展，更設立學校、提拔賢才，國勢（當時尚未建國，但儼然是獨立國家）蒸蒸日上。歷經張茂、張駿的經營，連勇猛善戰的前趙皇帝劉曜都不敢貿然進攻。雖然晉愍帝早在316年即已逝世，張駿（324～346在位）的時代，仍沿用西晉愍帝的年號，自認為屬於晉朝的涼州牧。張駿死後，子張重華繼位。延續其父的統治威望，疆域東至秦隴、西抵蔥嶺，是前涼最興盛繁華的時期。但公元353年張重華病死後，開始了張家與敦煌人宋家的爭權時代，終於公元376年被前秦苻堅所滅。前涼滅亡。

　　至此，南方的東晉、西方的前秦、東方的前燕形成了三國鼎立的局面。這一年是公元352年。

中場休息，北方統一

　　前秦在苻健的時代便奠定經濟基礎，營造出讓百姓過好日子的局面。到了苻堅繼位時，簡直看到一片讓人無比感動的中興氣象！氐族在五胡之中，是漢化比較深的一族，文明程度本較高。苻堅自小就用功且博學，對於有才能之士，不論其出身，皆予重用。他一生所做的最聰明的一件事情，即是重用漢人王猛。

　　王猛是一個出身卑微的寒人，曾經窮困到上市場賣畚箕，但他博學多聞、熟稔兵書，最後被具有慧眼的苻堅相中，任命

其為前秦帝國宰相。王猛為加強君權，不惜冒犯氐族的貴戚豪強，苻堅也十分支持他，並藉機剷除豪強，前秦王權獲得空前發展。在王猛的輔佐下，推行了與民休息的經濟政策，此外廣建學校、勸課農桑、開放山澤等措施，大大收復了民心，國家也累積滿溢的糧食，混亂的十六國時代終於出現一片祥和的淨土。

正當前秦朝富足之路邁進時，東邊的前燕也在開疆拓土。慕容儁晚苻健一年建國前燕（352）。死後，其弟慕容恪輔佐新主慕容暐，向南不斷拓展勢力，甚至攻占了洛陽。公元369年，慕容恪的死訊傳到東晉桓溫耳中，桓溫想起當年洛陽得而復失都是這傢伙害的，如今你死了，朝中看起來沒有比你厲害的人才。於是桓溫傾全力發動第二次北伐，一路勢如破竹，嚇得前燕朝廷從皇帝到太宰都紛紛說要遷都。其實前燕朝中還有一個大人物，他就是金庸小說《天龍八部》中，慕容復總是掛在嘴邊的先人慕容垂。慕容垂在一片逃跑的氣氛中，向皇帝請戰。

沒想到，慕容垂大敗桓溫，拯救了前燕免於亡國命運。照理說有此人才，前燕應該加速發展，進而統一北方吧！不！統一北方的不是他。因為慕容垂名號太響亮，遭受主持朝政的慕容評之嫉妒，加上皇帝慕容暐也不是很英明，整天忙著享受人生、搜刮財物，慕容垂只好帶著兒子逃到前秦依附苻堅（愛才的苻堅自是非常高興地收留他）。前燕在不正常的收稅模式中，國勢急轉直下，農民無法應付政府的殘酷剝削，紛紛請求貴族收納其為蔭戶，有十分之一的燕國人口根本無法被國家掌握。這樣一來，政府的稅收、兵源銳減，加上奢華淫亂的朝

廷，國家敗亡是必定的了！

公元370年，苻堅派輔國將軍王猛等率六萬兵士進攻前燕。前燕慕容評領三十萬大軍駐紮潞川一帶，與王猛相持。燕軍人數雖多，兵士卻毫無鬥志，輕易就被秦軍所滅。王猛與苻堅的兵力會合後，進攻前燕首都鄴城，將慕容暐以下的鮮卑諸戶，遷往前秦首都長安附近，前燕滅亡。北方在晉朝南遷以後，終於再度統一。

已經亡了好幾個國家，也差不多是時候要進入十六國時代的下半局了。中場由前秦統一北方，贈送百姓幾年太平日子，稍微緩和局面。淝水戰一結束，休息時間便即停止，下半局開戰！下半場的要角是燕國（只亡了前燕還有別的）、秦國、夏國、涼國（只亡了前涼還有別的）。

淝水戰績：新國家成立！

前秦皇帝苻堅是個世界級的和平主義者，身處亂世，他卻有天下一家的理想。與同時代的殺戮風氣相反，苻堅奉行的是懷柔主義。被他滅亡的國家，上層貴族還可以在前秦任官（換作石虎還是其他人早就滅族了），與其父母兄弟和樂地相處在秦國，暗暗期待有朝一日反叛復國。被滅亡的國家，族人多被苻堅遷往關中，苻堅人很好，沒有打破部落組織讓他們親人分離，而是整族直接徙民，這其中隱藏一個巨大的隱憂：萬一前秦控制減弱，整族人可以輕易組織武裝，反抗政府。

此外，苻堅還將氐族貴族分封到各地，用意在鎮守邊疆與統治各族，但此舉大大削弱氐族在關中的軍事力量，加上外族

人不斷進入關中，氐族人日漸勢單力薄。但苻堅並未意識到這層危機，對於北方統一太過自滿，還以為自己的寬宏大度已經讓各族人都對他信服，因此一心想南下征服東晉，統一中國。雖然王猛臨終前留下「不可伐東晉」的遺言，苻堅仍是在公元378年圍攻襄陽，開啟了兩國後期的可能衝突。

公元382年，苻堅已經按捺不住統一天下的熱情，在一次廷議間，興沖沖向朝臣訴說他將以97萬大軍前進東晉的完美計畫。朝中大臣不客氣地潑皇上冷水，紛紛表示反對，還拿出王猛的遺言想壓住苻堅，畢竟大家好日子過久了，沒人想打仗啊！苻堅的弟弟苻融更是口出驚人之語，說什麼自古窮兵黷武者必定亡國，咱們是胡人，招惹南方小小的中華正統，是違背天意啊！（這哪像胡人說的話，根本就是北京胡同裡的老學究！）只有兩人積極贊成，說成大事只要兩三個有遠見的人即可，不必理會庸碌之言，此二人就是慕容垂與姚萇。這兩人在淝水戰後分別建立了後燕與後秦，故此刻發言，看官們可以猜測到他們的居心。

淝水之戰的劇情與結果大家都知道了：東晉以寡敵眾戰勝；而苻堅慘敗，還中了一隻不長眼的飛箭。戰後隔年（384），已亡國的前燕最後一任君主之弟──慕容泓稱濟北王，不久與慕容沖軍隊合一，發兵攻擊老主子苻堅。慕容泓建立的國家史稱西燕，是第一個反對苻堅的政權。由於慕容泓執法苛刻，底下的權臣不開心，就殺掉他扶立慕容沖為新王。

慕容沖也是慕容暐之弟，他擁有異常花樣的美貌。苻堅滅前燕時，把12歲的慕容沖並其姊清河公主接進宮中寵幸（時人

稱「雙飛入紫宮」），要不是在王猛勸諫下把兩姊弟請出宮，慕容沖絕對有成為佞臣的料。儘管遠離了懷抱，苻堅還是非常喜愛慕容沖，讓他當平陽太守。然而慕容沖一點都不顧念老相好之舊情，大軍直接包圍長安，要苻堅讓出皇帝的寶座。事實上，西燕自從易主為慕容沖開始，便成為一個強盜兵團，會打仗掠城，卻不懂收服人心、經營城池。西燕才建國十年，就被叔叔慕容垂攻滅，納入後燕帝國。史書上的十六國，並無西燕在內。

由於西燕包圍長安達一年之久，苻堅逃出城，被姚萇活捉，最後下場是被勒死在佛寺中。可憐的苻堅，一生自命以誠信待人，必得對等回報，當年他收服姚萇這個降將，還讓他做到將軍，最後卻被姚萇此忘恩的小人所弒。苻堅的後人苻登與姚萇連年作戰，姚萇死後再繼續進攻其子姚興。最後苻登的兒子苻崇被乞伏乾歸所殺，前秦滅亡於公元394年。

淝水戰後，各族勢力再起，除了西燕建國，鮮卑慕容垂也攻占鄴城，自稱燕王，史稱後燕。羌人姚萇則取得長安，國號大秦，史稱後秦。此外還有乞伏乾歸稱秦王（西秦）、呂光建立後涼等。原不在苻堅管轄範圍內的拓拔珪，也在長城以北建立了北魏。

慕容家族守不住帝位

慕容氏建立的第一個國家前燕，曾經是東方的大國，但自慕容暐稱帝後，沒幾年就嗚呼哀哉，整個宗族被前秦請到長安定居（苻堅喜歡邀請被他亡國的上層貴族進宮當他的官員）。

公元383年，隨同苻堅一起南下伐晉的慕容垂軍隊，還沒碰到敵軍，戰爭已經結束，一個兵士都沒損傷。受了傷的苻堅投奔慕容垂，許多人都鼓動慕容垂殺掉苻堅，乘機自立為王。慕容垂甚有良心，認為自己在危難之時多虧苻堅收留，豈可忘恩。取得天下的計畫可以慢慢實施，但要先回報苻堅恩德，因此將大軍全部交還苻堅。苻堅整頓殘兵敗將後回到洛陽，部眾仍有十萬餘人，文武百官、器具儀仗，稍稍恢復之前的陣丈。

慕容垂一看老闆已經恢復元氣，好那我要離開你圖謀大業去了。這種事自是不便明說，因此藉口回家鄉鄴城掃墓，不客氣地跟苻堅掰掰了。來到鄴城，遇到苻堅的兒子苻丕鎮守在此，不給進城！也太剛好，丁零族酋長翟斌在這時反叛前秦，苻堅下詔要慕容垂去平定。苻丕意圖讓他們兩敗俱傷，於是給慕容垂一批老弱殘兵，要他去攻打翟斌，並派苻飛龍率一千士兵來監視慕容垂，這簡直太可惡！慕容垂假裝要攻打丁零，但在擊鼓大喊攻擊時，鮮卑人就把苻飛龍那支軍隊給滅了。爾後，慕容垂終於攻下鄴城，苻丕棄城逃走。公元386年，慕容垂成為燕國皇帝，史稱後燕。

慕容垂當上皇帝已過耳順之年，然而局勢並不平穩，一直忙著打仗。先是平定丁零人，然後解決一下同族的西燕。公元394年，後燕攻西燕，西燕不敵慕容垂，趕緊找個幫手，北方有新興的拓拔氏，好就是他了！拓拔珪很有義氣地派了五萬騎兵來聲援，不過西燕依舊覆滅。打敗西燕後，慕容垂惱恨北魏多管閒事（慕容家清理門戶你是來攪什麼局！），於是命令皇太子慕容寶率領八萬軍隊討伐北魏。慕容寶的軍隊一路北上，路

途遙遠，兵士疲累不堪，這時不知哪來的謠言說慕容垂死了，讓慕容寶心生疑慮（老爹年紀這麼大了不是不可能），急急撤退。公元395年，北魏在參合陂襲擊燕軍，燕軍幾乎被擊潰，只有數千人逃回燕國，後燕損失慘重。

隔年，71歲的慕容垂親自率兵攻打北魏報仇，雖然小勝一場，但無傷大局，北魏的國本沒有被動搖。退兵至參合陂時，看到滿山遍谷的燕國將卒屍首，痛心不已，大哭幾場後，沒有力氣再帶兵，回家不久就病死了。繼任的慕容寶擦乾眼淚，遵照父親遺言，先整頓戶口與經濟。當時許多戶口隱匿在鮮卑貴族與漢人世族的庇蔭下，國家根本管不到（前燕亡國前也是遇到同樣的問題），因此慕容寶徹底檢括戶口，以增加國家財政收入。此舉得罪了貴族，人民也因負擔變重而出現反抗念頭（怎麼覺得跟前燕末年很像！）。拓拔珪看準燕國內部紛亂，出兵後燕，各地公卿將吏與士卒紛紛投降北魏。慕容寶最後退守到龍城，被貴族蘭汗所殺。其子慕容盛、其弟慕容熙先後即位，皆因治國不仁被部下殺死。公元407年，中尉將軍馮拔誅殺慕容熙，後燕滅亡。

承繼後燕的漢人馮拔，於公元409年稱天王，國號依然為燕，史稱北燕。馮拔為了安頓人民，減輕賦稅、獎勵農桑，提倡儒學，也嚴禁賄賂買官，遼西地區終於恢復安定的社會秩序，且持續了數十年。公元430年馮拔死後，北燕開始持續受到北魏的攻擊，馮拔之弟馮弘逃往依附朝鮮半島的高句麗，北魏便接收了無主的北燕領地。公元436年，馮弘在高句麗被殺，北燕滅亡。整體說來，比慕容氏的諸燕國，多存活了30年。

　　北魏進攻後燕時，慕容寶奔走龍城，慕容垂的族弟慕容德則率領一支軍隊，在滑台稱王。某日，慕容德的部下趁他出征不在家時，竟把整個滑台作為投降的禮物送給北魏了。好在慕容德有兵隨側，再去攻一個城吧！於是他攻占廣固（今山東益都西北）作為首都，於公元400年正式稱帝，史稱南燕（這個時代要建國真是容易）。南燕和前後燕一樣，都有蔭戶的問題。慕容德應該是所有燕皇帝中，最大刀闊斧、也最成功清查戶口的人。在戶口檢查期間，他甚至派兵到邊境巡視，以防百姓逃跑，最後非常驚人地搜括出五萬八千戶！此外，慕容德也設學官、立鹽官，對於穩定國家的人心、提高經濟力量，頗有幫助。

　　公元405年，慕容德病死，姪兒慕容超繼位。慕容超平定宗室叛變後，開始沉迷於喜歡的遊戲與打獵中，從此國政沒人在管，國家亂成一團。他曾經問老臣封孚自己可以和古代哪位帝王相比？封孚回答：「夏桀、商紂之類。」這兩人都是亡國之君，聽得慕容超火冒三丈，但封孚是朝中七十多歲的老臣，也不能拿他怎麼樣。在慕容超的遊戲當中，可能也包括派將軍南下掠奪東晉。他屢次縱容騎兵南下，搶奪了大批東晉百姓北還，引發劉裕北伐。公元409年，東晉劉裕出兵北上，滅了南燕，順道將青州、兗州一帶全部收復。

　　從公元307年慕容廆自稱鮮卑大單于，到南燕滅亡，中間一共出現過前燕、西燕、後燕、北燕、南燕（差一個「東」就大四喜了），其中只有北燕非慕容氏所建立，且在慕容氏的燕國全亡後，它依舊存在。鮮卑慕容氏縱橫江湖一百年，每個政

權都持續不久，（就說你守不住帝位嘛！）但留下許多供後人憑弔的故事。據說鮮卑族皮膚白晰、髮色棕黃，專出美女及俊男，難怪小說中的慕容後裔外型如此優越。

燕國一覽表

國名	建國者	民族	國祚	亡於
前燕	慕容廆	鮮卑	285～370	前秦
西燕	慕容泓		384～394	後燕
後燕	慕容垂		384～407	北燕
南燕	慕容德		398～410	東晉
北燕	馮跋	漢	409～436	北魏

各族都愛的國名：秦

前秦滅亡後，殺掉苻堅的姚萇建國於公元386年。姚萇立都長安，國號大秦，史稱後秦。姚萇即位後，每年忙著消滅前來復仇的氐族殘餘勢力，但一直到死都還沒打完。公元394年，長子姚興即位，開啟了後秦最輝煌燦爛的22年。

姚興是個會打仗又有腦的全能帝王將才，不僅平服了老爹搞不定的氐族勢力，也將關隴一帶的割據全數消滅，此外更把握好時機進占河東、奪取洛陽。在十六國時期會打仗不算什麼，懂治國才是能人。姚興知人善任，賞罰公平，規定郡國每年舉清行、孝廉一人，簡直讓人誤以為回到風俗醇美的東漢初年！此外，姚興可說是首位尊重人命的十六國皇帝，他在長安設立律學，讓大家前來學習，學什麼？學習如何公正地斷獄、

減少誤殺。十六國以來的統治者動輒斷頭灑血、全族坑殺、施用酷刑，在後秦的姚興時代，終於有了改變。

姚興「人模人樣」的作為，可歸因於身為虔誠的佛教徒。歷史上最著名的譯經達人鳩摩羅什，便是姚興迎入國的。他也重視儒學，邀請有名望的老師前來長安開講，優待學習儒學的人，往來各地，儒者門生不需按常法接受盤查。歷來儉樸的皇帝很少，姚興恰好在列，他沒有奢華的壞習慣，車馬也沒有金玉裝飾。不過他喜歡打獵，因而破壞不少農作物，也是事實。

五世紀以後，姚興擊敗西秦、吞滅後涼，但在對北魏的軍事上大受挫敗，對夏國也束手無策。晚年因溺愛兒子姚弼，處處姑息姚弼的任性與謀叛，滋長了非皇太子的姚弼爭奪王位的念頭。一直到死前病重，才處決了姚弼一黨人。其他兒子有樣學樣，也都趁爸爸將死之際前來奪位。姚興病死隔年，劉裕率大軍來伐，公元417年，後秦滅亡。

前後秦都亡了，接下來還有一個西秦。淝水戰後，鮮卑人乞伏國仁聚合部落力量，成為隴山以西的重要軍隊，前秦的苻登封他為大將軍、大單于。苻登敗死後，乞伏乾歸（國仁的弟弟）自稱秦王，史稱西秦。但乾歸不久即被另一個「秦王」姚興打敗，軟禁在長安三年。一直到後秦姚興勢力減弱時，乞伏乾歸再度稱秦王。公元412年，乾歸之子乞伏熾磐繼位，這位鮮卑人熱衷也擅長打仗，不僅吞滅南涼禿髮氏，還擊敗吐谷渾、搶奪契丹人的肥美牛羊，這是西秦國力最強盛的時期。

乞伏熾磐死後，西秦的命運就差不多了。末代皇帝乞伏暮末（光名字就讓人感受到一切要結束了）因為施政嚴酷，逼得

部落人民四下流亡。公元430年，西秦發生旱災，國民又逃了大半。乞伏暮末把整個國家打包一下，想去投靠北魏，不料途中就被夏國擋住，最後西秦在公元431年亡於夏主赫連定。

建立前秦的苻家是氐人；建立後秦的姚家是羌人；而建立西秦的乞伏氏，則是鮮卑人。不得不說，秦始皇威名長存，秦國這個名號普遍受到各族的喜愛啊！

秦國一覽表

國名	建國者	民族	國祚	亡於
前秦	苻健	氐	350～394	後秦
後秦	姚萇	羌	384～417	東晉
西秦	乞伏乾歸	鮮卑	385～431	夏

匈奴人又變成夏禹後代

漢帝國皇帝劉淵的族人當中，有一支在前趙劉聰、後趙石虎、前秦苻堅時期，都被封為將軍。這個家族在淝水之戰後，傳到第三代的劉勃勃手裡。劉家人實在有才華，改朝換代後一樣脫穎而出，劉勃勃受到後秦姚興的重用。人如其名，劉勃勃生來野心勃勃，他心狠手辣又不甘為人臣下。公元407年，他帶著三萬騎兵去打獵（出動三萬匹馬要怎麼打獵？一看就知道有歹意），途中大軍一揮，群馬駛向岳父多羅沒亦于的鮮卑族部落，殺掉岳父，將其軍隊併入自己手下，準備稱王。

在構思國名時，不像十六國其他國家只會學別人沒創意，劉勃勃自認是夏朝的後代，國號非叫夏不可。此外，身為古聖

先賢的傳人，豈能屈居於漢家劉姓？自己既是天子，徽赫實與天連（美好顯赫到天邊），故自創「赫連」這個姓氏，規定只有皇室正統才可以傳承這個姓。大夏天王赫連勃勃，最擅長出奇不意的游擊戰。由於夏軍神出鬼沒的行徑，搞得後秦疲於奔命，夏國就這樣一步一步接收後秦的領土。劉裕一滅亡後秦，忙著回東晉搶奪皇位，赫連勃勃便利用這個機會奪取長安。

為了防禦北魏，赫連勃勃將國都定在統萬（今內蒙古白城子），號召十萬多人共同建築一個無堅不摧的城池。建築過程異常艱辛且殘忍，先要把土蒸熟，築成後，命士兵用鐵錐刺入，一旦刺進一寸（代表牆不夠厚實），築城的人就會被殺，屍體則被填入牆中。浸染無數鮮血方築妥的統萬城，堅固到可以磨菜刀。再來看看四個城門的名字，都很囂張，東是招魏門、西是服涼門、南是朝宋門、北是平朔門，擺明是要統一天下，招呼北魏來投降（北魏首都平城在統萬東方），臣服後北西南涼，準備要劉宋朝貢，平定鮮卑在北方（東方和北方都是北魏疆土）。十世紀以後，西夏黨項人據此城以對抗宋，故宋人攻西夏時，順手毀掉統萬城，如今只殘存遺跡，又因匈奴沒有築城習慣，此城是世界上唯一留下的匈奴遺跡。

赫連勃勃喜歡隨身帶弓箭刀劍，如果看他的眼神太銳利，就把人家眼睛刺瞎（好流氓）；膽敢笑他的人，就把對方嘴唇割掉（被笑就不爽這是自卑？）；毀謗他的人，舌頭就被割掉（沒錯他是個流氓）。如此以淫威治國，估計既沒朋友也無足以信賴的人。晚年他的兒子為了爭奪太子的位子互相殺來殺去，他只好立在殺戮中勝出的赫連昌為太子。公元426年，赫連

勃勃一死，北魏拓拔燾馬上出兵，隔年就攻破長安與統萬，俘虜皇帝赫連昌。赫連勃勃第五子赫連定逮到機會，趕緊稱帝，並擴大勢力。公元431年赫連定滅西秦（亡國前還滅了一個國家不簡單），準備進攻北涼，結果中途就被吐谷渾軍隊襲擊，吐谷渾王將他活捉，送給北魏當禮物。北魏處死赫連定，威震一時的夏國從此滅亡。

前後西北南，涼州好發展

　　與燕國不同，涼的建國者來自不同家族，甚至不同種族，但皆占地黃河以西一帶，此處從漢代開始，稱為涼州。前涼張家在淝水戰前就亡於苻堅，已經謝幕下台。下半場則是四個短命的涼國上台演出，先歡迎後涼登場！

　　後涼的建立者呂光，是苻堅手下的西域校尉。淝水之戰當年，準備南下攻晉的苻堅大概覺得兵太多沒處用，派呂光率一支軍隊西征，綏撫西域各國。呂光深入西域，各國看到他帶來的大軍陣仗都投降了。呂光不知道使出什麼手腕，讓前秦的威望值達到高峰，甚至超越漢朝，連以前從未歸附中國的遠方國家咸來依附。呂光漂亮地完成天王給他的任務後，卻得知老闆在淝水一戰大敗，以及中原大亂的消息。看著安樂富饒的龜茲國，他打算要留下來享受人生。這時名僧鳩摩羅什卻指引他一道明燈，要他不要留戀，往東歸去。於是呂光與從者帶著從西域各國掠奪來的財寶駿馬，東抵涼州。反正已經天下大亂，呂光帶著一支七萬五千人軍隊，乾脆打下涼州，宣布涼州刺史就由自己來兼啦！後來得知苻堅被殺，呂光立即建國，史稱後

涼。

呂光本身是氐族，軍隊也以氐人為骨幹，但涼州是新搶來的地盤，老實說不大熟悉，也很難繼續擴張勢力，光是與周圍部落交戰就累死他。為了穩定秩序，呂光實施嚴苛的法令，導致人心不服，連部將都背叛他自立門戶當王去了。呂光死後，統治集團內部開始自相殘殺，後秦、南涼、北涼又相繼入侵。當官的自己殺來殺去不干百姓的事，但戰爭頻繁導致農作物死亡，嚴重的糧食不足、物價飛漲，呂家在涼州的氣數已盡，最後乾脆投降後秦。公元403年，後涼滅亡。

接下來要介紹的南涼，其建國者的姓氏令人想到生髮水廣告。南涼是河西的鮮卑人所建立，他們和北魏拓拔氏同出一系，據說因為翻譯不同，「拓拔」就成了「禿髮」。禿髮氏原來是呂光旗下一個大將軍，但呂光實在不得人心，所以禿髮烏孤自己跑出來建新年號稱王，於公元397年，南涼誕生。烏孤死後兩個弟弟接續繼位，雖然稱王，但都臣服於後秦姚興。南涼建國不到20年，期間與後涼、夏、北涼打來打去，互相掠奪牛馬羊群，實在凡善可陳。最後在外出搶劫家裡沒大人的情況下，被西秦乘虛而入，都城失陷，雖然搶到幾十萬頭牲畜，還是不得不投降於西秦。

西涼與北涼的崛起也都和呂光有關，呂光的西域遠征隊真是涼國們始祖。後涼末年，匈奴人沮渠蒙遜背叛呂光，進攻建康城，逼迫該城太守段業支持其叛變。段業是個讀書人，從未想過要叛變當王，但被圍城多天，再不接受就要沒飯吃了，遂答應匈奴人，於是他就被推舉為涼州牧，後任涼王，北涼建

立。沮渠男成為輔國大將軍，沮渠蒙遜為張掖太守。

　　當時的敦煌太守，是西漢名將李廣的後代、出身隴西大家族的李暠。涼王段業有個手下索嗣不自量力，卻非常想要敦煌太守的位子，反正手頭有兵就不客氣地去搶了，結果反被李暠打敗。突然就被人家出兵攻打的李暠實在不爽，認為段業你也真是的，身為主子卻沒管好部下，上書請段業誅殺索嗣。段業雖將索嗣殺了，不久後李暠仍自己獨立當王，西涼建立。西涼是個軍事能力薄弱的政權，步騎兵才三萬人。李暠死後，其子李歆不得民心，一下子就被北涼滅國了。

　　北涼兵權實際掌握在沮渠蒙遜、沮渠男成手裡。蒙遜想聯合堂哥男成推翻段業，由男成當王，但男成不答應。沮渠蒙遜乾脆誣告男成要謀反，段業不明事理，就把忠心的男成抓起來。男成跟他說：「一切都是蒙遜的計謀，你只要假傳我的死訊，他一定會攻進城裡，屆時我再出兵幫你打敗他！」無奈段業是個腐儒，愚昧到了極點，還是將男成處死。男成一死，沮渠蒙遜就沒什麼好怕的，迅速進城滅掉段氏，自己當王。所以北涼外表看來是漢人所建立，卻被匈奴人所繼承。

　　沮渠蒙遜是個超厲害武將，不僅滅西涼，還占據整個河西走廊，成為河西一帶最強大的勢力，西域36國都向他稱臣，簡直就是天可汗唐太宗的先聲！但他自己卻接受東晉的封號，甘願臣屬東晉（遠慕中華的心態？）。蒙遜死後六年，北魏大軍開進北涼首都姑臧，消滅十六國最後一國北涼，統一了北方。接收北涼政權的拓拔氏，還真要感謝北涼，在北方統一前，已經幫他消滅了小政權、擴大了領土範圍。總之，在大家的努力

下，十六國分裂局面終於結束了。

涼國一覽表

國名	建國者	民族	國祚	亡於
前涼	張軌	漢	301～376	前秦
後涼	呂光	氐	386～403	後秦
南涼	禿髮烏孤	鮮卑	397～414	西秦
西涼	李暠	漢	400～421	北涼
北涼	段業	漢	398～439	北魏

前面要加南朝不然會搞混的宋齊梁陳

　　東晉末年，掌握朝政的劉裕，是百年一見的無敵戰將。他第一次北伐滅南燕，收復青兗；第二次北伐滅後秦，攻占關中。要不是急著回去篡位，長安說不定就會在南朝宋的版圖內。這位權傾一時的劉大將非常跟得上流行，深信不知道從哪裡來、卻廣為傳頌的「昌明（晉孝武帝）之後有二帝」之讖緯預言（東晉名士除了雅談老莊，也相信讖緯）。倒不是說劉裕本人迷信，而是當全國都流傳這個說法，他若硬要打破，心中難免會有「遭天譴」的疑慮。

　　東晉孝武帝被老婆用被子悶死後，繼位的晉安帝是個口不能言的小白癡，儘管腦子不好使，四體卻健全，春夏秋冬好吃好睡，過得很不錯。雖然中間一度因為桓玄篡位被逼下台，但劉裕很快就幫他恢復寶座，轉眼間，已經穩坐皇位二十年。劉裕掐指一算，桓玄當皇帝那是假的，不能算數，因此晉安帝得趕快嗚呼哀哉，換一個新的上來，接下來才能在天的支持下，由他劉裕一手結束氣數已盡的東晉。不過晉安帝有一個忠心的弟弟司馬德文，知道劉裕對自己的皇帝哥哥不懷好意，因此吃飯、就寢，就連如廁都隨侍在旁，讓劉裕沒有下手的機會。如此寸步不離搞壞了身體，最後終於生病了，為免傳染給皇帝，司馬德文被請回家休息，劉裕的手下王韶之逮到機會，殺了晉安帝。為了滿足「昌明之後第二帝」，司馬德文被冊立為晉恭帝。

總算完美地成就讖緯之言，晉恭帝差不多可以下台了。公元420年，在劉裕的暗示下，晉恭帝平靜地寫下禪讓詔書，將帝位傳給宋王劉裕，東晉滅亡。晉恭帝被劉裕封為零陵王，他心中明白終要走上和哥哥相同的被弒之路，因此和褚王妃同處一室，飲食烹調都在宮內，甚至先由王妃嘗過他才入口。但有人要殺你總是防不勝防，某天，褚王妃被人引開，司馬德文就被活活悶死在棉被裡。不得人心的東晉徹底滅亡了，接下來就是首都同樣在建康的宋、齊、梁、陳時代。因為他們的版圖都在南方一小塊，國名又與春秋戰國的小國們同款式，因此可在前面加上「南朝」，稱南朝宋、南朝齊、南朝梁、南朝陳，以利區別。

自己滅族的劉宋皇帝們

公元420年，劉裕在建康稱帝，是為宋武帝。宋武帝出身下層世族，早年生活貧賤，因此即位後生活厲行儉樸，一改東晉的奢靡風氣。由於親身體會了東晉世族力量的強大，他將軍權託給劉氏宗族，導致宗室手中皆握有叛變的籌碼。

劉裕稱帝不久便病死了，太子劉義符繼位。劉義符是劉裕超過40歲才得來的第一個兒子，因此異常寵愛，估計也沒重視帝王教育之類，總之此人行為不端，身邊養了很多小人。劉裕死後，應當守父喪期間，劉義符卻天天在遊玩嬉鬧。公元424年，顧命大臣徐羨之、傅亮、謝晦等人討論了一下，覺得這種皇帝繼位國家要糟，乾脆把他廢了。謝晦等人準備奪取帝璽的前一天，劉義符正在宮中玩市場遊戲，自己當老闆當得很

開心，還開了水道和隨從乘船高叫，喝得醉醺醺後睡在船上。士兵們持刀進宮，劉義符睡得正酣還沒醒來，輕易就被抓了起來。廢掉一個皇帝不知道後續怎麼處理，顧命大臣們於是依照歷史經驗，殺掉！迎來劉裕的第三個兒子劉義隆，是為宋文帝。

宋文帝聰明得像精，知道自己是被扶立的，必定處處受制於這些給他機會當皇帝的大臣。因此耍了一些手段，把徐羨之等人一一剷除，自己掌握大權。宋文帝賞罰分明、建立制度，穩定了經濟發展，因此創造了海晏河清、夜不閉戶的「元嘉之治」。宋文帝對內治理得宜，對外打仗卻不擅長。元嘉晚年，宋文帝發動北伐，偏偏北府兵中的戰將早被他殺光光，三次北伐都慘敗給北魏的拓拔燾，劉宋開始由盛轉衰。公元453年，聽說太子劉劭涉足詛咒皇帝的巫蠱事件，劉義隆準備廢掉太子，劉劭耳聞消息，帶著大弟劉濬半夜領兵先把父親殺害，劉劭便自立為王。宋文帝在位近三十年，占了劉宋六十年國祚的一半，竟死在親生兒子手上，真是可悲。

儘管這是一個亂七八糟的時代，這麼嚴重的弒父案件，絕對不會被坐視不理。不到三個月，宋文帝第三個兒子劉駿，便帶兵攻下京城，自己稱帝，是為宋孝武帝。他毫不留情地斬殺參與弒父的大哥劉劭、二哥劉濬，（弒父弒兄毫不眨眼，南朝北朝一概如此）為父親報仇。

新皇帝宋孝武帝自幼聰慧，博學多聞，據說讀書一目七行（距離一目十行短少三行，但已經很厲害了），也擅長武打，又一個文武雙全的奇才！南北朝時期這類奇才甚多，卻往往會

附加個「荒淫無道」或「殺戮成癖」的缺陷。劉駿本人極為好色，自己六叔（劉義宣）的女兒也不放過，逼得劉義宣起兵造反。到太后宮中探訪時，遇到看對眼的宮女，直接就臨幸了。

宋孝武帝最大的作為在於加強中央君權、剝奪地方權勢。由於地方權勢都在劉氏親族手中，也就是說，宋孝武帝要一步步屠殺自己的兄弟和親叔家族。叔父劉義宣起兵反叛，殺！武昌王劉渾自號楚王，殺！弟弟劉誕在廣陵城聚眾造反，宋孝武帝派人攻城，將劉誕斬首後，更進行屠城，殺光城內所有男子，女子則賞賜給兵士。殺光了親族，要開發新的人來用啊！因此宋孝武帝開啟了「寒人掌機要」的政治局面。寒人非世家大族出身，沒有後台可以靠，感覺比較好控制，但根據中國人「好東西要跟好親人分享」的原則，這些寒人家族，不久後即成為新貴族，作威作福，搞得朝政大亂。

晚年的宋孝武帝貪杯、好賭、愛揮霍。為了賺錢來營建華麗宮室，他想盡各種名目來賺錢，例如將卸任的官員召進宮中，雙方大賭一番，直到官員的錢全部被皇帝一方贏走，才放人回鄉。不少皇帝都愛喝酒，但宋孝武帝最厲害的一點，是即使喝得酩酊大醉，一有奏章來到，他馬上整理好服裝，接見侍者，毫無醉態。

宋孝武帝劉駿死後，其子劉子業繼位。這對父子的殘忍與下流一脈相成，看就知道絕對不是在外面偷生。劉子業的凶暴程度更勝乃父，他將好幾個叔父軟禁在宮中，有空便加以侮辱，讓他們活在隨時要被屠宰的恐懼中。他殺了叔祖輩的劉義恭，還將之開膛剖腹，挖出心和眼泡在蜜糖中。此外生活淫

亂，更勾搭上自己的姊姊山陰公主，強留姑姑新蔡公主住在他的宮裡。惡人怕鬼，某天，宋前廢帝劉子業夢到被他殺死的宮女前來索命，找姊姊山陰公主一起到竹林射鬼。宋文帝的兒子劉彧（劉子業的叔叔）趁這個時機，出兵殺了劉子業，自己即位為宋明帝。

劉彧是個愛讀書的文學青年，因缺乏運動身形略胖，曾被劉子業取笑為豬王。他在即位初期能結交寒士，寬厚對待叛亂的世族，故能收服天下人心。但他才上任不久，孝武帝的兒子劉子勛（劉彧的姪子）就起來反叛。花了好大力氣平定劉子勛後，宋明帝擔心自己的兒子搞不定這些豺狼虎豹般的劉氏宗親，於是將孝武帝的28個兒子一個一個除掉，連自己的五個親弟弟也殺掉四個，演變成一場可比擬「司馬諸王相互屠殺」的宋室骨肉相殘。

公元472年，劉彧的兒子劉昱（名字發音都一樣）繼位，才10歲，是為宋後廢帝。劉昱極為聰明，不論縫紉還是音樂，一學就會，但有過動兒傾向，喜怒無常，動輒對人拳打腳踢。最驚駭是他的興趣是殺人，一天不殺人就悶悶不樂。（是精神病吧！）皇帝如此暴虐，為臣的起兵有理。因此，唯一沒被宋明帝劉彧殺死的弟弟劉休範，率兵進攻京城，但被右衛將軍蕭道成平定。也不想想蕭道成是你劉昱的恩人，長大後的劉昱愈加無法無天，竟想要除掉蕭道成，還把蕭道成的肚臍當箭靶練習射箭。面對這種神經病皇帝，蕭道成打算先下手為強。公元477年，後廢帝被殺害，蕭道成進宮立劉準為宋順帝。兩年後，蕭道成要求劉準禪讓帝位。劉準本是傀儡皇帝，只能點頭，並留

下「願生生世世，再不生帝王家」之千古名言。

　　歷經孝武帝劉駿、前廢帝劉子業、明帝劉彧三任皇帝的宗親大屠殺，落幕前再來個精神病皇帝劉昱，六十年來，劉宋王室可以說自己將自己給滅族了。劉宋自相殘殺的同時，無力對外，導致北魏不斷侵擾邊境。戰爭帶來極大的破壞，人民飢不擇食、流離失所。荒淫劉宋的滅亡或許是好事，接下來是蕭家的天下了！

南朝宋大事

公元	事件
420	宋武帝劉裕即位
422	宋少帝劉義符即位
424	宋少帝被廢，宋文帝劉義隆即位
450	元嘉北伐，三次皆敗
453	宋文帝被太子劉劭所殺；宋孝武帝劉駿即位
454	劉義宣叛亂
464	宋前廢帝劉子業即位
466	宋明帝劉彧即位
472	宋後廢帝劉昱即位
477	宋順帝劉準即位
479	宋順帝劉準禪讓帝位；南朝宋滅亡

3人節儉、4人被廢的蕭姓諸帝

　　公元479年，蕭道成自立為齊高帝。蕭道成一上任，便禁

止諸王營建宅邸、占領山田，並整頓戶口、建立學校，讓流民受到安撫。公元482年，其子蕭賾繼任為齊武帝。齊武帝是個難得一見的模範生皇帝（可惜這種好人都活不久），他不喜歡遊樂，對奢侈的生活也沒興趣，一心只在要如何讓國家富裕起來。他曾下令婚禮不可過於浪費，對於自己的葬禮，也特別叮嚀勿鋪張擾民，子孫若要祭祀他，用簡單的餅、酒、飯即可，不必烹羊宰牛。齊武帝在十年內勸課農桑、修建孔廟，穩定政治局勢，並多次減免賦役，對外則與北魏和平相處，南方終於出現了較為安定的局面。

公元493年，齊武帝病危，由於長子蕭長懋早他一步病死，無法繼承帝位，遂立蕭長懋的長子蕭昭業為皇太孫。蕭昭業身為皇室第三代，沒吃過什麼苦，寫得一手好隸書，又長得帥，一直被捧在掌心呵護。但實際上他沒有政治才能，為人陽奉陰違，表面上對於父親和爺爺生病痛苦不堪，背後卻常在詛咒父親、爺爺早死，以便自己盡快登上皇帝寶座。

當時朝中最有名望的，是齊武帝次子——竟陵王蕭子良。蕭子良是名士「竟陵八友」（蕭衍、沈約、謝朓、王融、蕭琛、范雲、任昉、陸倕）的領導人，亦為虔誠佛教徒，常體恤百姓疾苦，遇飢荒則上書請皇帝減低稅賦、開倉濟民，受到朝臣的尊敬、百姓的歡迎，聲望極高。中書郎王融本欲立蕭子良為帝，但在政爭中失敗，最後仍是由蕭昭業即位，蕭鸞（蕭道成姪子）、蕭子良則受命為輔政大臣。蕭昭業即位後原形畢露，開始過著奢靡浪費的生活，也暴露自己心胸狹窄的個性，尤其對於叔叔蕭子良過高的名聲很感冒，心存怨恨。蕭子良活

在皇帝猜忌的壓力下，隔年便憂鬱而死，大權落到蕭鸞手中。

　　蕭鸞自小被蕭道成撫養長大，本來就極具野心。蕭長懋一死，便覺得自己稱帝的時候到了。眼見小皇帝蕭昭業如此鋪張浪費，非常不順眼，先把他廢了，改立蕭昭文為帝。後來乾脆再廢蕭昭文，自己升格皇帝，是為齊明帝。齊明帝為人勤儉，不建新的宮室，更停止地方向中央的財物進獻。但他一登上政治舞台，久違的皇室殺戮再次上演，這次遭殃的是蕭姓子孫。齊明帝總在半夜派兵包圍諸王的家宅，然後破門而入，舉家屠戮，再將其財物全部收歸己有。殺戮的結果，齊高帝19子只剩下次子蕭嶷一支有後，齊武帝23子則完全斷嗣。忙著殺人的齊明帝，顧不到外交，無法抵抗遷都洛陽的北魏孝文帝，正一步步進逼南齊領土。

　　公元498年，手染鮮血的齊明帝終於死了，但繼位的蕭寶卷開啟王朝另一個禍端。蕭寶卷性格內向，不喜開口，從小也不愛讀書，只以捕老鼠為樂。16歲即位後開始任意殺害大臣，導致文武官員都想起兵反抗。無奈蕭寶卷看似昏庸，平定亂事倒很有一套，一起起的叛亂都被他平定，但他也愈加暴虐。除了每天玩樂之外，也張大耳朵，得知誰想推翻他，就會先下手為強。他下的最後一步錯棋，便是毒殺平定叛亂出力最多的蕭懿。蕭懿的弟弟蕭衍得知兄長被殺，立即率軍東下。城中的禁衛軍這時也不挺這個昏君了，幫蕭衍殺掉蕭寶卷，然後大開城門迎接蕭衍入城。

　　蕭衍將死去的蕭寶卷降為東昏侯，並冊立蕭寶融為齊和帝，利用蕭寶融的手先清除蕭齊子弟，再殺盡齊明帝的子孫。

公元502年，梁王蕭衍逼迫蕭寶融禪讓帝位，短短23年的齊朝就這樣被消滅了。繼任的梁朝和蕭齊其實是遠房親戚，兩邊的先人還一起奪取劉宋政權。但在那個子弒父、弟殺兄很頻繁的時代，隔這麼多代的親戚，彼此間也就更不用客氣了。蕭衍在篡位不久，也把蕭寶融殺了。

南朝齊大事

公元	事　　　件
479	齊高帝蕭道成即位
482	齊武帝蕭賾即位
493～494	齊前廢帝蕭昭業即位、被廢
494	齊中廢帝蕭昭文即位、被廢；齊明帝蕭鸞即位
498	齊後廢帝蕭寶卷即位
501	齊和帝蕭寶融即位
502	齊和帝蕭寶融禪讓帝位；南朝齊滅亡

除了蕭衍，其他皇帝都沒有戲的梁朝

　　蕭梁立國55年，梁武帝蕭衍就占了48年的帝位，且不說稱帝年限，能活到86歲在當代簡直是個奇蹟。蕭衍年輕時就是個用功向學的才子，不僅學識淵博、學術底蘊深厚，甚至信手拈來就是一篇詩作。他跟隨竟陵王門下，名列「竟陵八友」之首，是學術界的一顆閃亮的文曲星。除了雅好文學，他也是政治和軍事天才，一直在籌備軍械、部署兵力，找機會推翻當時昏庸的蕭寶卷。終於在公元502年奪位成功，成為南朝梁開國君

主——梁武帝。

已故南齊蕭寶卷的弟弟蕭寶寅逃至北魏，請求北魏出兵征討梁國。北魏宣武帝元恪即位不久，本有南征的鴻圖大志，因此梁朝一開國，就被迫面臨打不完的戰爭。公元503年，北魏發動攻勢，大舉南征，南梁被打得七零八落，一敗塗地，都城不斷陷落。蕭衍面子實在掛不住，於公元505年，集結軍隊，準備大舉反攻北魏。北伐大軍由蕭宏（蕭衍之六弟）率領，這支軍隊裝備精良，軍容壯盛，還沒出征，浩大的聲勢就傳到北方，北方人民直呼真是百年難得一見的陣仗！大軍前鋒攻克梁城，將領們自信滿滿，都認為要乘勝追擊。然而蕭宏本人不擅軍事，膽小如鼠，一聽到北魏會合了兩支大軍要來取梁城，嚇得要立刻班師回朝，礙於眾將領極力反對不敢回頭，但也不敢前進，大軍滯留在洛口動彈不得。

北魏軍隊在一夜狂風暴雨中，趁黑偷襲南梁北伐軍隊，蕭宏驚惶失措，拋下大軍自己逃走。主帥失蹤，無人號令，大軍瞬間崩潰。北魏中山王元英，率兵進逼到馬頭（今安徽省馬城）。蕭衍命令整修北魏下一個目標鍾離城，嚴加戒備。公元507年，南梁兩大將領韋叡、曹景宗聯手大敗元英，終於為南方出了一口氣。元英輸了不甘心，為了洗刷戰敗恥辱，集結大軍還要再打，雙方你殺我我殺你的，看得真是頭昏眼花。總之，北魏元恪在位期間（499～515），大規模的南征，將北魏疆域向南推了好大一步。

不久北魏發生六鎮之亂，梁武帝趁此機會北伐。他封北魏降將元顥為魏王，和陳慶之一同北伐，兩人一路大勝，不僅攻

下北魏首都洛陽，接著拿下32座城。元顥進入洛陽後，覺得已經利用梁朝完畢，可以自己稱王了，接著便和陳慶之發生矛盾，爾朱榮在雙方不合之下順利殺進洛陽，結果元顥被殺，北伐軍隊全軍覆沒。

儘管對外打打退退，梁武帝蕭衍在國內仍是受到歡迎，他以勤政聞名，廣泛接納群臣甚至百姓的意見，身為皇帝卻非常節儉，不注重個人飲食衣服，也大量提拔清廉正直的官員。梁武帝十分支持教育和學術發展，他本身就是個博士型的學者，白天處理朝政，夜晚還讀書著述，親自為儒家、道家的經典註釋。梁朝文化在梁武帝時期輝煌地發展，堪稱魏晉南北朝的高峰。

梁武帝虔誠信佛，一反劉宋、蕭齊熱愛屠殺親族的作風，十分維護親人的利益，甚至包容到有點過頭。前段提到那個膽小怕事的六弟蕭宏，在北伐中折損整支大軍，並沒受到太大懲罰，後來蕭宏又私通梁武帝的女兒，兩人準備一起篡奪皇位，事發之後，其女羞愧不堪而自盡，梁武帝雖十分失望，卻也沒有怪罪蕭宏。此外，梁武帝即位後，接收了東昏侯的吳姓妃子，七個月後生下次子蕭綜，外界盛傳此子是東昏侯的遺腹子，但梁武帝依舊封蕭綜為王，還讓他領兵出征北魏。對於自己身世耿耿於懷的蕭綜，在某次出征時投降了北魏，梁武帝還眼巴巴地盼望他歸來，無奈蕭綜沒有回來。來自兒女的兩起打擊，讓梁武帝脫離了對世間的眷戀。

公元520年開始，梁武帝因過度沉迷於佛法，怠忽處理政事，導致權臣竭盡所能地貪污，王侯在地方橫行霸道，白天也

公然在路上殺人。梁武帝還三次獻身佛寺，這簡直就是皇家鬧劇！真有心要出家，國家大事也要交接一下，至少退位後再去嘛！這三場「出家表演」，結局都是被群臣用天價贖回，讓佛寺大贏大賺。為了虔誠禮佛，他勞師動眾、大興土木，蓋建華麗的佛寺，大量耗損國家的人力、物力、財力。然而梁武帝還自認為清心寡欲，每天都忙著為百姓祈福，其實正由於他的昏庸愚昧，梁朝的國運直線下滑。侯景之亂成為壓垮屋子的最後一根稻草。

侯景原是六鎮之亂中，爾朱榮的手下。爾朱榮死後，他先歸附高歡，後來又想依附宇文泰。由於手握極大兵權，東西魏都向他進逼，最後侯景選擇南逃至梁。梁武帝普渡眾生，即使群臣都說侯景為人狡詐、虎狼心腸，梁武帝還是接納了侯景。結果侯景在公元548年起兵反叛，把梁武帝困死在臺城。梁武帝活了八十多歲，想搶王位的兒子一堆，卻沒有一個真心要救出父親。梁武帝就這樣活活餓死在臺城的文德殿。

梁武帝死後，朝中大權由侯景牢牢控制，他先後廢立蕭綱、蕭棟，最後乾脆自己當王，改國號為漢。但稱帝不到四個月，就失去人心，被梁武帝第七個兒子蕭繹派出的王僧辯軍隊擊敗。侯景之亂不只兵攻王室，百姓也遭殃，其軍隊所到之處，都是屠城洗劫、姦淫婦女的悲慘畫面，人民流離失所、飢荒遍野，繁華的江南遭受嚴重破壞。此外，侯景為了鎮壓南方人的反抗，甚至禁止人民兩人以上交談，動輒將南方人處以極刑，因此在極短時間內就眾叛親離、死於非命。

侯景之亂平息後，梁朝也差不多分崩離析。長江以北的領

土大多被東魏吞併，梁州、益州則被西魏占領。公元552年，蕭繹在江陵稱帝，即是梁元帝。蕭繹死後，兒子蕭方智被陳霸先扶持，繼位為梁敬帝。東西魏紛紛在梁朝扶植傀儡勢力，西魏（北周）將梁武帝的孫子蕭詧立為梁宣帝，史稱後梁，但領土只有江陵的一州；東魏（北齊）則扶植蕭衍曾孫蕭莊繼承梁朝，對抗陳霸先的篡奪。陳霸先逼迫蕭方智退位，建立陳朝。

南朝梁大事

公元	事件
502	梁武帝蕭衍即位
527	梁武帝第一次捨身寺廟
548	侯景之亂
549	侯景攻克臺城；梁武帝餓死文德殿；梁簡文帝蕭綱即位
551	侯景自立為帝，國號漢
552	侯景之亂平息；梁元帝蕭繹即位
555	西魏以後梁蕭詧為傀儡政權；梁靜帝蕭方智即位
557	梁靜帝蕭方智禪讓帝位；南朝梁滅亡

迴光反照的陳朝

　　南朝演到這一幕，領土幾乎已經被占光光，差不多要準備下台了。沒想到此時出現一個會打仗的武林奇才，而且此人徹頭徹尾是個平民，一點身家背景都無。在他之前篡位的前輩先人劉裕、蕭道成、蕭衍都另取了一個朝代名，陳霸先則一點也不囉唆，本朝直接跟大爺姓，就叫作「陳朝」。

　　陳霸先生於一個寒人極有機會崛起的時代，他從一個管理倉庫的小吏，因為平定叛亂有功，一路升官，最後當到督護、太守層級，握有七個郡的兵權。侯景之亂時，他以討伐侯景為號召，獲得熱烈響應，募集到大批糧草，軍隊人數也迅速成長。（看侯景多受人厭惡！）打敗侯景後，受到梁元帝蕭繹的重用，官愈作愈大。不過梁元帝很快就因為挑釁西魏，兵敗被殺。陳霸先就和王僧辯一起支持蕭繹的兒子蕭方智為帝，後來王僧辯倒戈，想改立北齊送來的蕭淵明，兩人一言不合，陳霸先就把王僧辯殺了。北齊看南方不乖乖冊立自己送去的皇帝，有點不爽，直接出動十萬大軍渡江，進攻建康，卻被陳霸先殺得七零八落，狼狽逃回北方。這一戰，陳霸先名號威震江湖（可以改名陳霸主）。不久，他就奪取皇位，開啟陳朝，是為陳武帝。

　　陳武帝雖然擊退北齊大軍，但梁朝殘餘勢力和地方的豪強角頭都準備要跟他槓上。其中，倚仗北齊為後台的王琳，立蕭衍的孫子蕭莊為帝，來勢洶洶要進攻陳朝。陳武帝來不及跟王琳決個勝負，就因病死去，好在他的姪兒陳蒨很爭氣，即位為陳文帝的當年，就打敗王琳與北齊的聯軍，平定了長江以南、四川以東的領土。在陳武帝、陳文帝的努力下，暫時有一番安定的局面。

　　陳文帝死後，長子陳伯宗即位，由於年幼，朝政被叔叔陳頊所把持。兩年後，陳頊就把姪子廢了，自己當皇帝，是為陳宣帝。陳宣帝是個政治幹才，也懂得用兵，他平定廣州的動亂，也出兵淮南，北伐攻克壽陽。整體來說，在陳家三個皇帝

的努力下，恢復了穩定的農業生產，也重新整理戶口，大力革除了蕭梁奢侈的風氣。可以說陳朝在政治及經濟方面的成績，勝過前面的三個朝代。

公元577年，北周滅北齊。陳宣帝一看是個機會，想趁亂多取得一些土地。他派吳明徹率軍北伐，大軍攻進徐州，聲勢浩大。但隔年北周王軌便截斷吳明徹的後路，擊潰了整支陳朝北伐的軍隊，壽陽和淮南之地，落到北周手中。陳宣帝病死後，長子陳叔寶即位，是為陳後主。史上榮登「後主」寶座的都是亡國之君，他們都有相同的特質：奢侈浪費、寵愛美女、濫施刑罰。陳叔寶自認為北方有長江屏障，國家安全的很，因此每天忙著建設新宮室、和美女調笑、召開宴會、吟唱豔詞等。公元588年，楊堅大舉伐陳，隔年攻入建康，統一南北。陳朝在北強南弱的局勢下，接續經營了32年，在陳宣帝以前都頗有政績，可謂南方最後一起迴光反照啊！

南朝陳大事

公元	事件
557	陳武帝陳霸先即位
560	陳文帝陳蒨即位
566	陳廢帝陳伯宗即位
569	陳頊廢陳伯宗，即位為陳宣帝
577	陳宣帝命吳明徹北伐
582	陳後主陳叔寶即位
589	隋文帝滅陳

姓氏改來改去的北魏

話說苻堅死後，北方落入一片混亂。想當年前秦滅代國時，北魏開國君主拓跋珪還是個6歲小屁孩，不得已跟著母親四下逃亡。逃亡的日子三餐不繼、顛沛流離，除開環境給他的磨練，小男孩還受到劉顯、賀蘭訥（這人是他親舅舅）等人意圖謀害等「訓練」。因此，在前秦滅亡之際，拓跋珪已長成心志堅強的16歲少年。眼看時局紊亂，機不可失，加上賀蘭部的支持，公元386年，他便重興代國，即位代王，同年將國號改為魏，他就是北魏道武帝！北魏由此而生。

成為皇帝的拓跋珪並非就此享有帝王雍容華貴的生活，當時北魏四面環敵，拿出手指隨便數數，就有賀蘭部、獨孤部、庫莫奚部、匈奴鐵弗部、柔然部、高車部、後燕、西燕，想除掉拓拔珪的也有叔父拓跋窟咄、劉顯、於桓等人……拓跋珪不是有心到處樹敵，只是因為時局亂到無以復加，甫上位就必須面臨眾多威脅。好在拓跋珪絕非泛泛之輩，因知敵強我弱，便結合後燕，將威脅勢力一一擊破，到了公元391年，已經收服大半強敵，且在攻戰之中，獲得敵人的牛馬羊等牲畜，提高國家實力。

與燕國的那些糾葛

其實後燕的建國時間與北魏同年，真是難兄難弟一對寶。北魏受到強敵環伺時，拓跋珪懂得依附強權；當北魏陷入內

亂，後燕也曾出兵相救；兩國更維持友好邦交，每年均有使節往返。但俗話說的好：「沒有永遠的朋友，也沒有永遠的敵人。」公元391年，拓跋珪之弟拓跋觚出使後燕，卻遭禁錮，作為換取良馬的籌碼，拓跋珪大怒，不給就是不給，兩國關係自此產生嫌隙。

失去強大合作夥伴的拓跋珪轉而與舊敵西燕合作，其間還征服了數個部落，國勢不斷增強。後燕眼看北魏聯合新歡對付舊愛，非常地火大，便出兵攻打西燕。儘管西燕向北魏求救，而北魏也相當有義氣地派兵前往救援，但在援兵趕到之前被攻破，西燕就這樣無力回天地滅亡了。截至目前，北方只剩下怒目相視的後燕、北魏兩國，看來一場世紀決戰無可避免。

後燕開啟戰爭的第一步。後燕帝慕容垂讓太子慕容寶集結數萬兵力，踏上爭討北魏之路，北魏聽到消息後，也嚴整以待，兩軍在黃河兩岸對峙。魏軍更派人攔截後燕往返燕國與黃河岸邊的信使，逼迫信使傳遞燕帝已死的假消息，燕帝慕容垂本就又老又病，燕軍聽到消息後自是深信不疑，軍心大受影響。若是只有外憂，後燕說不定還能咬牙苦撐，偏偏此時將領慕容嵩以為燕帝真的死亡，便趁機發動兵變，引發內亂，雖然因密謀洩漏被處死，但軍勢已亂，導致士氣一片低迷。這故事告訴我們皇帝老邁之際千萬不要發動戰爭，因為將領兵馬隨時都準備回去奪位。

太子慕容寶見情勢如此，心裡明白此戰沒有勝算，於是半夜燒掉船隻，料想魏軍在黃河的那一頭，無法快速涉渡過來，還有時間撤軍。殊不知一個月後黃河便開始結冰，拓跋珪立刻

率領兩萬騎兵光速前來追剿，相較於不知後況、好整以暇的燕軍，魏軍快馬加鞭，終於在參合陂追到安營的燕軍，並將其包夾，一舉攻破毫無防備的燕軍，僅太子與親王帶領殘兵破將逃亡。這一戰史稱「參合陂之戰」，燕軍死傷慘重，實力受到大大的創傷。儘管慕容垂之後有心報復，兵勢之強也一度讓拓跋珪驚懼，但行至參合陂，看見遍地屍骨，胸口一鬱，卻是病情加重而亡。而後燕軍國勢愈下，拓跋珪遷都平城，北魏幾乎可說已稱霸華北。

跟後秦也要打一架：柴壁之戰

拓跋珪跟後秦之間原本也是相安無事，但這一回的衝突，卻是由魏國挑起。拓跋珪送千匹馬前往後秦，希望透過婚姻的結合，打好兩國關係，但後秦卻說表示拓跋珪已經有慕容皇后了，因而拒絕，以此為導火線，造成了後來的柴壁之戰。

有了一開始的裂痕，往後的隔閡就愈來愈大，而真正使戰情白熱化的，是公元402年，魏平陽太守進攻河東，震動了後秦都城長安，使人心惶惶。眼看人家都踩到自家地盤，後秦當然嚥不下這口氣，後秦帝姚興決定討伐北魏。而此時魏國大概感受到兩國之間氣氛不佳，也開始默默儲備乾糧，以防備突擊。

秦軍來勢洶洶，但作為前鋒的部隊卻被魏軍將領常孫肥（不要笑人家的名字！）擒住，連將領姚平都被困在柴壁，姚興派兵前往救援，但拓跋珪用計埋伏，救援的兵力損折，被迫後退，想開闢新的路線也未有成果。被困在柴壁的姚平，兵力與糧食山窮水盡，於是下定決心往西南方向猛攻。姚平等待

姚興前來救援，姚興卻希望姚平能突破重圍，最後兩力無法合一，突圍只有失敗，姚平便帶著下屬投水自盡。姚興只能眼睜睜看著柴壁失守，早已失去戰鬥意志。敗了這一戰，後秦氣勢大為減弱，不但不再主動出擊，甚至想與北魏重修舊好，由此可見北魏的國勢強大，已經不是過去那個要依附後燕的小國。

早年是個明君無誤

　　拓跋珪從小的逃亡生活使他相當早熟，建國後積極開疆擴土，面對險峻的國家情勢，皆能化險為夷，甚而具有寬厚之心。拓拔珪剛稱魏王之時，有兩將叛逃，其他將領欲追捕，他卻說：我們國家才剛建立，大家的意志都尚未統一，走了也是應該的，就不用追了（這是哪裡來的好好先生?!）此外，他也創造了許多政績，像是制定各種典章制度、重視文化發展、對部族制度進行改革、大興農業、屯田，使北魏無論是在文化或經濟上都有大幅進展，為後世打好基礎。

　　看到這裡，我們一定認為拓跋珪是個不可多得的開國明君：勵精圖治、賢良明德。但凡事都有個BUT，當他步入壯年，卻變得陰晴不定、剛愎自用，甚至到了有點精神異常的程度，可以說是另一種的晚節不保。老年人都愛追憶過往，但拓拔珪一回想以前的成敗，會喃喃自語一整晚都不停歇，就好像有鬼神在他旁邊回應他一樣。更嚴重的是經常對大臣產生疑懼，突然想起大臣從前做過什麼錯事，或是在他面前露出怪異的臉色，就一律誅殺，導致大臣們終日惴惴不安，不知下一個受死的會不會是自己，因而無心政事。皇帝一旦進入昏庸等

級，不久便可觀察到天底下偷盜搶劫之事叢生，巷里之間杳無人煙（都被殺死或搬家了）。公元409年，因妃子賀夫人有所過錯，拓跋珪將其幽禁，準備處死，其兒拓跋紹接到母親的求救消息，連同宦官等人趁著夜色前往刺殺，拓跋珪就這樣死在自己的兒子手上。

承先啟後的魏明元帝拓跋嗣

北魏特有的「子貴母死」制度，就從魏道武帝開始。該制度是為了防範皇帝的母親專權，因此一旦被立為太子，其生母就要立即處死。魏明元帝拓跋嗣是北魏第一個該制度的受害者，在母親劉貴人被殺了之後，他感到悲痛不已，拓跋珪對這樣軟弱的太子感到相當憤怒，便下令將他逐出宮。直到409年，魏道武帝被拓跋紹（也是一個為母發憤的孝子）刺殺後，拓跋嗣被衛士擁戴，才再度進宮，殺了拓跋紹，接著正式即位。

即位之後的魏明元帝延續父親的政策，不斷強迫塞外的鮮卑人及其他胡人遷徙到平城，希望久經戰亂的中原地區能恢復生機。在強制移民的過程中，一些不願離開鄉土的年輕人，在地痞流氓的煽動下聚眾為亂，各地都出現強盜與土匪。魏明元帝不願誅殺所有百姓，便聽從崔宏的建議，僅「誅首惡」，其餘大赦。果然不久後，大多數人不再為亂，魏明元帝也不再客氣，派兵將剩餘叛亂一次掃定。魏明元帝在位期間，政績雖不像其父親一般彪炳，卻也未曾鬆懈，不僅沒有將先帝的成就揮霍殆盡，還進攻宋國，打贏了被稱為「南北朝第一場南北戰爭」的戰役，奪取南方劉宋大片領土。只是在戰後不久，就積

勞成疾而病逝，才32歲。

驚！父子皇帝都被宦官所弒

　　父王死得突然，太子拓跋燾以15歲的青年之姿接下皇位，是為魏太武帝。一開始身邊的大臣都還將他當成少不經事的孩子，但他很快就以行動推翻這項觀點。即位不久，魏太武帝就親征殲滅了十六國中的夏、北燕、北涼，使五胡十六國的亂世畫下句點。北方終於統一，與劉宋王朝相對峙。此外，魏道武帝更遠征漠北，擊敗了吐谷渾、柔然，擴展疆土，使邊塞不再有人進犯。

　　魏太武帝不但勇猛果敢、戰法靈活、任用賢才、生活簡樸、不吝厚賞，還受到將士的敬愛，使國家能夠穩定而完善的發展。但這類驍勇善戰的君主多有一個通病，就是開疆闢土上了癮，便容易忽略軍民面對連年征戰的疲憊，且他本人還有一個自己也知道卻改不過來的毛病，就是「人殺得太快」。雖說快刀斬亂麻可省去不少麻煩，他卻也經常對自己做的殺戮決定感到後悔。由於殘酷的刑罰，賦稅的加重，人民多有怨言，也爆發了幾起農民起義事件，只是又被他殘暴地鎮壓（然後再次為了殺戮太多感到後悔）。到了晚年，被中常侍宗愛所弒，結束他不斷殺戮的一生。

　　原本的太子拓跋晃在宦官宗愛的讒言下，每日都擔心被父親殺掉（想必從小就常看見他爸殺人毫不手軟的景況），最後在驚嚇中死去，皇位繼承人因而有了空缺。宗愛便假借皇太后之令，迎立拓跋余，但他並非真正想替這個國家找一位明君，

而是想找個好操控的君王。拓拔余即位之後，夜夜笙歌，不理政事，花費也毫不節制，很快就掏空國庫，引起天怒人怨，宗愛則趁機掌握大權。拓拔余在玩樂之餘，也察覺到中常侍宗愛別有所圖，於是密謀要剷除他，宗愛眼看手中傀儡即將失控，便早一步下手殺了拓拔余（請叫他皇帝殺手），拓跋余只耽樂了八個月，就一命歸天。

就在皇帝殺手宗愛連殺兩位皇帝後，殿中的尚書等大官們決定不能再放任宗愛為所欲為，便擁立拓跋濬即位，將宗愛殺之而後快。拓跋濬是拓跋燾的愛孫，從小便展露君主的特質。但殺去亂臣後即位的拓拔濬，並非就此高枕無憂，這時候的北魏，因為鮮卑族與漢族的矛盾頻生，內部鬥爭相當激烈，各個封王、大將軍等的叛亂如雨後春筍，雖然一一被平定，卻也使拓跋濬焦頭爛額，最終他因染病而逝，僅享年26歲。

拓跋弘與馮太后的攻防人生

魏獻文帝拓跋弘11歲就即位，12歲親政後很快展現出他的君主之才，勵精圖治、安定內政、討伐外敵，善用賞罰，使當時的貪污情況獲得改善；減輕賦稅，降低了民族間的階級仇視。短短五年，就足以在史冊上被記上一筆「好皇帝」的稱號。但就在這看似國運昌隆的時刻，拓跋弘卻宣布禪讓，皇位傳給當時僅5歲的拓拔宏。這樣的急流湧退，有人說是因為他一心嚮往玄佛，希望過著清幽的修行生活，但事實上，這樣的禪讓卻是大有內幕。

拓拔弘剛剛即位、尚無法親政之時，由馮太后掌政。但

隨著拓拔弘親政，勤於政事，大有作為，馮太后完全沒有插手的機會，加上子貴母死制度，太后絕非生母，兩人並無血緣羈絆，關係本就不如一般母子親密。此外，由於馮太后年輕時便守寡，相當寵愛李弈，拓拔弘卻以「隱罪」殺了李弈，馮太后懷恨在心，兩人之間隔閡更加擴大。拓拔弘眼看衝突無法避免，決定採取「禪讓」的方式解決，原本想傳位給應該有能力與馮太后對抗的皇叔拓跋子推，卻遭眾大臣強列反對，反對理由不外乎父傳子才是傳統啦、大權會旁落啦等等，可憐的皇叔便這麼落選了，取而代之的是太子拓拔宏。

那樣一個小小孩，豈不是比自己更好掌握？拓拔弘迫於情勢傳位給幼子，自然擔心權力會被馮太后奪走，於是退休後的他，並非閒雲野鶴、不問政事，而是以太上皇的身分持續為小皇上打造穩定的國家。軍事、政治、經濟不用說，連外族的叛亂都一一為他收拾，只是面對馮太后，卻無法「永絕後患」。馮太后倒是先有了動作，因為情夫被殺，怨恨拓拔弘，竟下毒毒死了他，這個18歲就當上太上皇的勤政皇帝，得年僅23歲。

漢化狂熱分子──元宏

北魏孝文帝可能是讀者最熟悉的角色了，因為在歷史課本上，往往對這位賢明君主多加著墨，尤其是他的政績，包含全面漢化、遷都洛陽、實行俸祿制、均田制等，甚至改舊姓「拓跋」為「元」，而這些改革，有很大部分，可以說是受到馮太后的影響。元宏基本上可以說是馮太后帶大的。由於即位初期年紀太小，由馮太后掌政，她臨政手腕高妙，將拓跋弘死後動

亂的政局一手扶穩，對威脅者大開殺戒，對忠貞有為之人則積極安撫，在政治上展現出充滿智慧的作為。

元宏親政之後，兩人之間維持一種微妙的平衡，馮太后帶著元宏主政，並不獨攬政權（咦？轉性了？），而是像傳承、教導一般，真是隔代教養最成功的案例。雖然可能部分來自奶奶對孫兒的疼愛，但元宏謙讓高明的手腕，或許才是兩人和平相處的關鍵。比起老爹拓拔弘（注意是這個弘），不得不稱讚元宏更為高明，即使部分權力在手，也懂得拿捏分寸，並不急於獨立。兩人便像合跳一場雙人舞般，進行了上述被稱為「太和改制」的一系列新制（只是後人多半將功勞歸於皇帝）。而馮太后的生性樸簡、對下人無心之過皆能寬宏大量等等，都成為這位皇帝的身教，使他成為一名賢君，兩人情感之深篤，由馮太后因病而逝、元宏五日滴水未進表示哀悼的行為可以窺見。

馮太后死後，元宏持續漢化的政策，為了要遷都洛陽，還耍了計謀。元宏煞有其事地「假裝」要大規模進攻南齊，結果大兵抵達洛陽時遇上大雨（其實皇帝早知道這是雨季）。眾臣本就不願南伐，下雨溼溼黏黏地心情又不舒爽，為了不繼續南進，接受元宏「那我們就定都在這裡好了」的提議。然而孝文帝快速且強力的漢化改革，卻也引起鮮卑貴族們消化不良的叛亂。

鮮卑貴族們慢熱也就算了，最讓孝文帝傷心的，是太子元恂帶頭不支持漢化政策。元恂從一開始就不滿父親的政策，因為他十分不愛念書，儒家經典也太多了吧！加上貴為皇子，因

養尊處優導致體重超標，父親決定遷都到南方的洛陽，讓怕熱的他感到痛苦不堪。總之他處處與父親抗衡（就是個死小孩無誤）。某次元宏出征，他竟然想帶著手下北逃，雖然最後沒有成功，但元宏得知後大為震怒，不但賞他幾大板讓他一個月都下不了床，更將他廢為庶人，免去他的錦衣玉食（懲罰他減肥），看守在河陽，以免他回到北方成為亂源。最後因有元恂又在謀定造反的小道消息傳出，元宏便一不做二不休，賜毒酒把年僅16歲的兒子殺死。

把漢化看得比親情還重，這是因為孝文帝一直有著統一天下的理想，而且他妄想以中華文化的繼承者身分來威震群雄。為了讓中國統一，元宏大舉南伐，期間他的身體便開始出現狀況，卻仍堅持要御駕親征，最終仍因病重而死。

不同於拒絕漢化的哥哥元恂，魏宣武帝元恪選擇保存父親的改革，擴建新都洛陽，也掌握實機大舉南伐，為北魏擴增領土。只是國家貪官污吏的情況愈發嚴重，腐敗的大臣就像傳染病一樣擴散，元恪卻錯過懲治的時機，情況遂一發不可收拾。加上他因篤信佛教，取消了「子貴母死」制度，導致外戚高肇專權、諸王起而內亂，儘管元恪予以一一鎮壓，國家的衰敗卻已預見。元恪在位17年，最後因患病去世。

親娘戲分比他重

　　魏孝明帝元詡即位時，北魏已經是強弓弩末、外敵環伺。元詡即位時才5歲大，朝政便由其母胡太后掌政。胡太后沒有馮太后的治國之心，只是每日縱情聲色、荒淫度日（對，不是

只有皇帝可以走這個路線！），更耗費大量金錢興建佛寺，儘管任城王元澄規勸其用心國政，卻是收不到半點功效。宗室元義與宦官劉騰也是這齣鬧劇的主要角色，他們受到胡太后的重用，卻又想「更高一層」，於是把主意動到小皇帝身上。公元520年，兩人鼓吹元詡帶種一點，起來掌權！於是密謀殺了胡太后的情人，更將她囚禁。這時的元詡的年紀才足以上國小三年級，根本無法掌權，只能讓元義、劉騰兩人為所欲為。

胡太后可不會就此善罷甘休，公元525年，胡太后與元詡、高陽王元雍用計解去元義的職務，再次回到舞台中心掌政。胡太后一刻不得閒，又勾搭上了鄭儼、李神軌等人，繼續為亂朝廷。公元528年，19歲的小皇帝終於覺醒，聯合權臣爾朱榮暗中計畫要拿回大權。不料走漏風聲，胡太后極端憤怒，狠心毒死了野心初萌的皇帝。注意！因為子貴母死制度已經廢除，胡太后可是元詡的親娘啊！殺死自己的親生兒子也太驚人，胡太后這次斷了自己的生路！

元詡死後，皇位又空了下來，為了安撫人心，胡太后竟將元詡的獨生女謊稱為兒子，輔助她即位。等鋒頭過了之後，又改立孝明帝的堂姪元釗為皇帝，如此的胡來亂搞讓天下感到震驚。先前曾幫助元詡的將領爾朱榮察覺有異，帶兵攻陷洛陽，抓住元釗與胡太后，將兩人沉入黃河（便稱河陰之難），並擁立長樂王元子攸為帝。

小蝦米也可以反抗大鯨魚

魏孝莊帝元子攸是短命鬼元詡的伴讀，兩人自小感情甚

篤。自己的好兄弟被殺，然後被殺手擁立為皇帝，這種心情實在複雜，聰明的元子攸深知他只是爾朱榮的傀儡。當時爾朱榮的權力遍滿朝野，擁有強大的兵力，雖然對帝位有所垂涎，卻怕背負篡位之惡名，因而讓元子攸當皇帝樣板，自己則在背後操縱。

然而元子攸並不軟弱，他清楚自己的處境，卻仍想在爾朱榮威嚇之下，保有江山與帝位。爾朱榮就算擁有再多權力，仍受制於君臣的禮制，幾次不小心展露野心，都被元子攸擋下。爾朱榮一忍再忍，終於沉不著氣，以皇后產女要進宮朝拜的理由帶兵前往洛陽（這理由也編得太不用心，祝賀要帶兵嗎？）。元子攸知道他這一趟來，必定是要剷除自己，也還好古代人的交通費時，元子攸才有時間設下埋伏，在爾朱榮入朝廷之時，刺殺成功。

然而爾朱榮一死，迎來的卻非太平盛世，爾朱世隆（爾朱榮的堂弟）見洛陽城軍備薄弱、加上爾朱榮的死更令其悲憤難平，於是集結兵力，決定攻打都城。爾朱家族的反撲出乎元子攸的意料，加上用人失當、所信非人等「人禍」，終被爾朱兆擒走，在牢中過了一段苦不堪言的日子。最後爾朱兆因吃了敗仗心情欠佳，竟把無辜的元子攸勒死在晉陽佛寺中，即位短短三年，幾乎無一日安寧的元子攸就這樣一命嗚呼。

人在屋簷下，脖子卻很硬

公元532年，高歡打敗爾朱家族，取得政權，立元修為帝，是為魏孝武帝。新皇帝即位，卻一樣上演著傀儡帝王劇的戲

碼。元修不甘處處受限，聯合賀拔岳（曾是爾朱家的人馬）欲牽制高歡的勢力。高歡以殺掉賀拔岳作為反擊，卻不小心把宇文泰給扯了進來（宇文泰是賀拔岳麾下）。宇文泰表示與元修合作的誠意，元修這時最缺的就是對抗高歡的伙伴了，馬上加官進爵，讓宇文泰地位直逼高歡！

高歡也不是傻子，準備來修理元修這個兔崽子，元修見情勢不對，便帶著情婦投奔宇文泰。皇帝跑了再立一個不就好了，於是高歡是另立元善見為帝（當然又是個年輕皇帝，高歡掌權），並遷都到鄴城，是為東魏。而成為「靠宇一族」的元修，卻像是不知自己的情勢一般，擺出強硬的態度，最後和宇文泰之間產生了不愉快。公元535年，宇文泰覺得煩了，乾脆殺掉他，另立元寶炬為皇帝，是為西魏。北魏分裂，形成對峙的局面。

只是過渡時期的東西魏

被高歡擁立的孝靜帝元善見年僅11歲，身為孝文帝曾孫的他其實相當有才識，於文於武都是個當君王的料，但生不逢時，淪為高歡的傀儡，終生志不能伸。而高歡建立東魏之後，權傾朝野，期間與西魏多次短兵相接，卻始終不能分出勝負，最後在與西魏的玉璧之戰中，因始終無法得勝，抑鬱而病逝家中，由長子高澄接其衣缽。元善見曾試圖密謀殺死高澄，卻以失敗告終，高澄趾高氣昂，完全不把皇帝看在眼裡。正當高澄想方設法把自己「扶正」的時候，卻被抓來擺在廚房做工的僕役蘭京所殺。弟弟高洋則繼承父兄之志，逼迫元善見禪位，改

國號為齊，為北齊顯祖文宣帝。自此，東魏正式畫下句點。

話說在東魏北齊的旁邊，宇文泰建立西魏之後，扶立的元寶炬與其共同理政（當然還是當傀儡的角色比較多）。過了16年後去世，其子元欽即位。元欽不像他爸爸這麼聽話，想暗地殺害宇文泰，密謀被宇文泰得知，隔年被廢，不久後就被害死，改由其弟元廓繼位。

宇文泰屬於不那麼愛漢化的鮮卑人，也正因如此，保存了胡族文化中儉樸、驍勇善戰的力量。宇文泰統治期間改革了田制、官制，並創建府兵制，夠能注重教化、推行儒學，還胡化漢人，恢復了皇族舊姓拓拔。在其努力下，國家漸強，與北方外族也保持良好關係，為後世打下良好基礎。去世前，宇文泰特地交代宇文護（宇文覺堂哥）好好輔佐兒子宇文覺，宇文護輔佐的第一步，就是幫他搶到個皇位來坐。公元557年，宇文護逼迫拓跋廓（這時已經恢復舊姓了）禪位給宇文覺，改國號為周，是為北周。

北魏大事

公元	事件
386	北魏道武帝拓跋珪即位
395	參合陂之戰（VS.後燕）
402	柴壁之戰（VS.後秦）
409	北魏明元帝拓跋嗣即位
423	北魏太武帝拓跋燾即位
429	北魏太武帝大敗柔然

重複幼子被篡位模式的北周

　　公元557年，宇文覺正式接任北周帝位，時年16歲。其父宇文泰去世之前，擔心兒子年紀尚小，無法擔負鎮國的重任，交代宇文護要好好輔佐。宇文護幫宇文覺搶到皇帝的位置後，卻將皇權攬在自己手裡。許多權臣都看他不順眼，就連宇文覺也感受到自己被堂哥的權力壓迫、深感不滿，於是與朝廷重臣數人祕密計畫刺殺宇文護。

　　宇文護暗中得知這項消息，先將一口氣忍了下來，僅把兩位主要的重臣李植、孫恆調去邊疆，避免「白沙在涅，與之俱黑」，影響了皇帝。並且開導皇上，自己對於鞏固宇文氏的政權，煞費了多麼一番真心與苦心。但孝閔帝有眼睛啊！親眼見到堂哥在朝廷上這麼跋扈，因此心中對宇文護仍有所猜忌。

　　其他的漏網重臣看見李、孫被抓來開刀，心中除了驚懼，更是加深了要殺害宇文護的決心，於是再次密謀殺人計畫，只是保密防諜的功夫仍然不到家，消息再次傳到宇文護耳裡。面對這樣一而再的挑釁，宇文護這次是可忍孰不可忍！不僅把那些意圖謀反的重臣全部殺光（還包括那兩個被派去邊疆的倒楣鬼），更幽禁孝閔帝宇文覺。不久後，就將宇文覺殺害，改立宇文毓（宇文覺的哥哥）為帝。北周孝閔帝宇文覺真是被告密的「抓耙子」誤了一生。

　　北周明帝宇文毓在弟弟當皇帝期間便是岐州刺史，管理期間人民滿意度相當高，可見他的從政才能。原本可能就這樣管

管地方、快活忙於家事結束一生，卻沒想到弟弟被殺、自己被立為帝，就此開啟悲劇的人生。同樣處在宇文護的陰影之下，宇文毓仍盡可能的掌握權力，並認真處理政事，營造出吏治清明的成果，自己更率先追求儉樸的生活，是一個受到百姓愛戴的好皇帝。但這樣的「努力」看在宇文護眼裡，卻是一個不知何時會謀反自己的威脅，於是藉著國宴的機會，暗中派人在宇文毓的食物中下毒（來陰的！）。宇文毓無從防備，食下毒物，卻在即將斷氣之前，說出讓位給自己四弟宇文邕繼位的遺詔，就這樣一命嗚呼，結束他短短三年的帝王命。

為自家出一口氣的北周武帝

　　至此宇文護已經接連殺了三個皇帝（西魏拓跋廓、宇文覺、宇文毓），正式獲得皇帝殺手的稱號。還好宇文毓死前留下遺詔，確立了宇文邕帝王的地位，宇文護雖有點不願，卻也無可奈何。宇文邕即位時已經18歲，面對宇文護這個心狠手辣的權臣，他知道自己很有可能落得與兩個哥哥一樣的下場，故以陽奉陰違的方式，與宇文護相安無事過了幾年。

　　這時，宇文護的兒子們，各個仗著宇文護的權力作威作福、貪贓枉法，百姓受害甚深。加上宇文護本人亦是殘暴專權，引起許多人的不滿。宇文邕表面上依循宇文護的意見，私底下卻一直找機會，欲將他除之而後快。做大事需要夥伴，宇文邕找上衛王宇文直一同商議對策，最後使出小手段把宇文護騙進宮中，趁四下無護衛，把他給殺了。宇文護死後，北周皇帝終於從這位自家權臣的陰影中解放。為了杜絕後患，宇文邕

更進一步逮捕宇文護的後代，並將其親信殺盡。

　　拿回屬於自己的權力之後，宇文邕終於有機會作個明君。他努力擺脫鮮卑舊俗，整頓朝野，使民安國泰，此外更統備軍力，滅了北齊，統一北方，進而欲出兵討伐突厥，但卻在動身之前因病倒下，不久病逝。

虎爸受害者

　　若以今日的標準來看，北周宣帝宇文邕可以說是個標準的「虎爸」。北周武帝從小就對長子宇文贇嚴格以待，朝覲時，行為舉止要與大臣無異，就算天氣再寒冷，也不能有一絲懈怠；太子愛喝酒，就禁止酒類出現在東宮；太子一犯錯，就以杖棍伺候；為了使太子警惕自己的行為，更經常以要換人繼承的言語威脅他，並且派人時時記錄他的言行舉止，定期向宇文邕報告。在這樣的壓力之下，宇文贇的性格並不如父親所期望的端正，反而有了更大的扭曲。終於在宇文邕因病去世之時，長久被壓抑的彈簧起了最大的反彈。在對父親只有懼怕沒有愛的情況下，宇文贇摸著從前被打的傷痕，說出：「死得太晚了！」之後更是草草結束父親的喪禮，違背古代守喪禮節，在父親死後十天就脫去喪服，慶賀自己的天下就此展開。

　　像是刻意要往父親期望的相反方向前進一般，宇文贇完完全全成了一個貪淫享樂、荒廢政事的皇帝。他殺光宇文邕的重臣、卯起來杖打大臣、瘋狂酗酒、大肆裝潢宮殿、擴大後宮（還創下同時立五位后的紀錄），更在登基兩年後，就把王位傳給兒子宇文衍，以太上皇的身分繼續享樂。最後因享樂、縱

慾過度，身體健康每況愈下，以22歲的年紀病死宮中。

最後的鮮卑小皇帝

　　北周靜帝宇文闡接下那個急著去享樂的父親給的皇位時，才是剛上小學的年紀。隔年老爹駕崩，因靜帝年紀尚小，楊堅、漢王宇文贊服為臣相輔政。而在宇文闡服喪期間，楊堅獨攬政權，勢力漸漸坐大，更用計將兵權攬在自己手中。期間當然有人看見楊堅的詭計，但不管是暗中要刺殺他，或是起義討伐他，都被他一一擋下，北周宗室甚至因此死傷無數，此時的楊堅已經沒有對手，遂有奪取皇位之心。

　　公元581年，楊堅見時機成熟，便逼迫宇文闡禪位予他，正式稱帝，改國號為隋，北周正式滅亡。幾天後，楊堅為鞏固自己的地位，對北周諸子大開殺戒。對於那個「前」小皇帝宇文闡，楊堅一開始還以禮待之，封他為介國公，給予天子的待遇，然而不久後，便派人暗殺。才9歲的宇文闡，就這樣成為最後一代北周皇帝。

北周與北齊大事

公元	北周	北齊
550		北齊文宣帝高洋即位
557	北周孝閔帝宇文覺即位、被殺；北周明帝宇文毓即位、被殺	
559		北齊廢帝高殷即位
560	北周武帝宇文邕即位	北齊孝昭帝高演即位
561		北齊武成帝高湛即位
565		高湛禪讓王位；北齊後主高緯即位
573		蘭陵王高長恭被賜毒酒而死
574	北周武帝滅佛（～578）	
575	河陰之戰（北周武帝伐齊）	
577	北周武帝滅北齊	北齊幼主高恆即位；北齊滅亡
578	北周宣帝宇文贇即位	
579	北周靜帝宇文闡即位	
581	隋文帝滅北周	

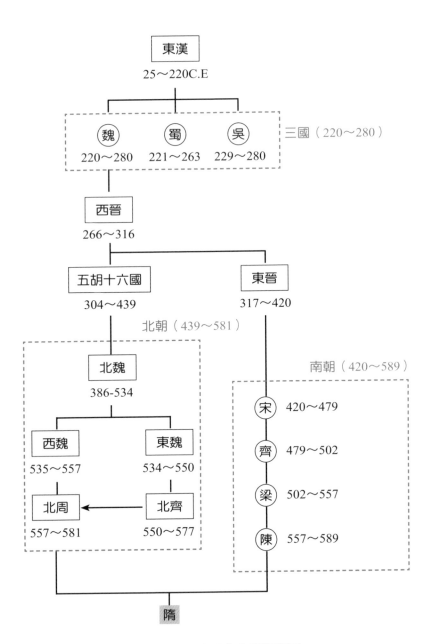

【附圖1】魏晉南北朝示意圖

第二部

你想追陸貞
還是蘭陵王？

歷史上的蘭陵王

　　影劇《蘭陵王》中，溫柔癡情、忠貞愛國、仁義親民的四爺，戴上面具奮勇殺敵，在「邙山之戰」立下衛國大功，真是威風凜凜大將軍、當紅偶像炸子雞。粉絲們不禁想在史冊中，蒐出更多與四爺相關的軼事，捕捉更多四爺與雪舞的灑花身影。雖然首先就要殘酷地告訴你：歷史上沒有天女雪舞這號人物！但有一點與影劇絕對不相違，那就是：蘭陵王很帥！無敵帥！讓我們走出影劇，進入無情更迭的北朝，來看看蘭陵王的真實面目！

叫「四爺」是真的?!

　　真實的蘭陵王究竟是什麼樣的面貌？有著什麼樣的愛情故事？除了雪舞不存在，恐怕又要讓你失望了。整體來說，關於蘭陵王的歷史記載很少，甚至他最寵愛的妃子鄭氏，也沒有著墨太多。然而這樣稀有紀錄的花美男，更是讓人更充盈著無限想像。如果你是看文言文不會睡著的人，可以去翻翻《北齊書》、《北史》、《資治通鑑》，直接擁抱蘭陵王的第一手資料。

　　蘭陵王本名高肅，又名孝瓘，字長恭。古代人都有很多名字，你可以只記得高長恭就好。蘭陵王高長恭產自「北齊企業」，這間寶號從開張到破產，歷經不過短短28年時間，就換了6、7任總裁（好啦是皇帝）。不是子弒父，就是侄殺叔，歷

任皇帝一個比一個變態。在這樣一個瘋狂的帝王家族裡，竟出現了一個柔美帥氣、仁義敦厚的蘭陵王，實在是個奇蹟。高長恭是北齊企業創辦人高歡的孫子、高歡長子高澄的兒子，因受封領地徐州蘭陵，世稱蘭陵王。

蘭陵王的老爹高澄，是北齊第二代的長子，他有六個兒子，孩子的媽都不同人（這在古代是常態）。高長恭在六人當中排行第四，所以有「四爺」之稱。由此可見，編劇並非想靠著某部清宮穿越劇的熱度來炒作，而是有史實證明，才讓女主角一直對著高長恭「四爺」、「四爺」的叫。但這個排行似乎又有些爭議，根據高長恭的墓誌銘，上面刻字說高長恭是世宗文襄皇帝（就是高澄啦！）之第「三」子，與史書上記載的「行四」不同。不妙！這樣一來響亮的四爺名號恐要不保！算了不鬧你，其實是這樣的：高澄的正牌皇后娘娘所生的河間王高孝琬，雖然比高長恭晚出生，但同月同日、只在時辰上晚一點，又因為生為嫡子（就是大老婆生的皇子），所以硬是排在四爺之前，成了名符其實的「小三」。感謝小三被他搶走，蘭陵王才能穩登令人心醉的四爺寶座啊！

蘭陵王的身世充滿神祕色彩，因為高澄其他五個孩子生母是誰，都有清楚的紀錄，就連排行第五的高延宗他媽媽是廣陽王家妓都寫出來了，唯獨老四高長恭「不得母氏姓」。到底是高長恭母親身分更為低下？還是有其他不可告人的祕辛？噓！據說其母可能為白種西域胡人，而且是個平民女子。或許在那個時代貴族娶民女很羞恥也說不定，但亦有傳聞說蘭陵王之母是個尼姑。高長恭以白晰柔美著稱，不論其母是民女還是尼姑

（抑或民女＋尼姑）說他是鮮卑、西域白人、漢人的混血，到底是個比較符合粉絲期待的答案！

也許蘭陵王從來沒帶過面具……

蘭陵王的面具一向為人津津樂道，畢竟被掩蓋的祕密，總是比躺在陽光下的事實還想讓人一探究竟。不論在民間紀錄或是電視影劇中，蘭陵王出入戰場時都會戴著模樣嚇人的面具，據說是為了遮掩自己女子般秀麗臉蛋，以震懾敵軍之用，但是他戴面具的用意真是如此嗎？或者這麼問：他真的有戴面具嗎？

翻遍《北齊書》裡有關蘭陵王之記載，其實對「面具」一詞隻字未提，只在一場戰爭中，提到類似「面具」的字眼。故事這樣的：某次（後代史書說這就是邙山之戰），高長恭領著五百騎兵（五百人是一支很小的軍隊），衝入被北周團團包圍的金墉城下，由於北齊瞭望台上的監察兵認不出蘭陵王（是敵是友快說！），為了避免己方先射一支箭過來招呼，於是高長恭摘下「頭冑」和大家揮揮手，監察兵一看到本國大將來了（啊好帥！），歡呼起來，城中的弓箭手紛紛跳下來（不，是綁著繩索墜下來）。蘭陵王指揮這些戰技精深的弓箭手，以每射必中的奇蹟神準率，成功將人數眾多的北周軍隊趕回家抱頭哭泣。故事結束！這裡提到蘭陵王頭上戴著「冑」，可沒說他戴面具啊！

「冑」是北齊時期流行的一種頭盔，前有面甲，可以擋住臉部，以防打仗時被兵器刺到會痛（以及毀容），一戴上

「冑」，活生生就像個鐵面人。除了北齊，東魏、西魏，甚至北周都有類似這種鐵面人出現。但蘭陵王明明戴的是「冑」，為什麼到後來卻被說成是戴「面具」呢？這其中的轉折已無法得知。但估計是為了戲劇效果，硬生生編出來的美麗說詞。

《舊唐書‧音樂志》記載：蘭陵王高長恭武藝高深，卻擁有著華美的容貌，常需要戴上「代面」（就是「面具」啦！）殺敵。由於在金墉城下擊破周軍，蘭陵王成為北齊陣營裡左右中三軍的MVP。北齊人為了慶賀、助勢，將蘭陵王領兵的英姿編入戰曲裡。唐朝崔令欽也在《教坊記》這本書裡說道：戴面具跳舞，是起自蘭陵王的故事。因為蘭陵王驍勇善戰，容貌卻像女子一般細緻、吹彈可破，他認為自己的外表不夠兇猛，因此上戰場之前，會戴上用木頭雕刻的「大面」（也是「面具」啦！），藉以增加威勢。

〈音樂志〉記載了唐朝歌舞音樂的歷史；教坊是古代管理宮廷音樂的官署，《教坊記》記述了諸多樂曲與歌舞的來源。兩者可以說是古代的藝術學院論文，想必「美」的成分要賽過「真」的成分。時間一久，真假與否也不是很重要。重要的是，「為了遮住柔美而戴面具上戰場」這個梗實在太吸引人了！儘管我們知道，高長恭可能從來沒有帶過面具。

都是那首歌害的！

歷史上，蘭陵王的軍事才能究竟如何呢？在魏晉南北朝這個史上最紛亂的時代，名將輩出，老實說，再怎麼排也輪不到蘭陵王，光是北齊的斛律光、段韶都比他會打。還好帥哥有優

103

待，看帥哥打一場小仗都比猛漢大勝三場來得好看。不過平心而論，高長恭的許多官爵，都是因為戰功而受封，所以說他是個戰將也不為過。可惜他死得太早，否則說不定會有更精彩的表現。歷史上蘭陵王最有名的一場戰役，即是對抗北周的邙山之戰。

公元564年，北周與突厥聯手一同進攻北齊，重鎮洛陽被十萬周軍團團圍困，此時北齊國主高湛派遣蘭陵王與大將軍斛律光前去援救。但周兵勢力太過強大，齊軍無法再往前一步，高湛只好再派段韶從晉陽前往洛陽與蘭陵王、斛律光會合。到達洛陽後，段韶先觀察敵陣布局，以蘭陵王坐陣中軍、段韶自己提領左軍，而斛律光提領右軍，嚴陣以待周國大軍。周軍一聽段韶前來，已經心生畏卻。（注意！不是畏懼蘭陵王！）周國先派步卒為前鋒，上邙山迎戰。段韶施展策略，一邊打一邊逃，把周軍引至深谷，等對方兵馬追到精疲力竭，再令北齊軍下馬迎擊。周軍還在喘氣兼喝水，一看到齊軍回頭殺來，嚇得四下逃散，不是墜崖，就是跌入溪谷中，死傷不計其數。

蘭陵王趁機率五百鐵騎衝出即使四下奔逃仍十分擋路的周軍，直奔洛陽近郊的要塞金墉城下，取下「面胄」和城上的齊軍打招呼。接下來的劇情上一節已經講過了，總之就是蘭陵王指揮弓箭手射得北周兵滿地找牙，讓北齊贏得非常漂亮！

「邙山之戰」告捷，蘭陵王聲勢水漲船高，一同出生入死的將官士兵非常感念他，仿效他頭戴面具，發號施令，衝鋒陷陣的模樣，創作了《蘭陵王入陣曲》。這首曲子伴有吟唱與簡單戲劇的歌舞表演，樂音古樸悠揚，渾厚悲壯，傳入民間後，

大為流傳。顯而易見的，帥哥做什麼事都吃香，只要贏一場小仗，就可以萬古流芳。其實這場戰役的關鍵在於段韶，要不是段韶已經摧毀大批齊軍，哪有可能只靠弓箭手就扭轉大局？

邙山一役落幕後，百姓們夾道歡呼、傳唱《蘭陵王入陣曲》的盛況，也傳入不滿十歲的太子高緯耳中（影劇是演高緯自己跑去軍中玩親耳聽到）。得知此事自是妒火中燒，哼！除了皇上之外，居然有人比本太子更受歡迎！有一次，高緯裝作不經意地詢問堂哥長恭：「你這樣衝進敵軍陣營中，萬一有個三長兩短怎麼辦？」高長恭一點戒心也無，直爽地回答：「我把國事當家事，沒想那麼多！」你沒想那麼多高緯可想很多，順便想起受到士兵愛戴的《蘭陵王入陣曲》：「天下是皇帝的，只有皇帝把國事當家事，你的意思是想當皇帝囉！好嘛！你打贏邙山一戰受到百姓擁戴是吧！」當然這番話沒有出口，但高緯心中非常五四三，已經有除掉蘭陵王的準備了。

高長恭畢竟不是笨蛋，回到家想想自己的答話，似乎有那麼點不適當。想了半天想到一個好方法，那我就來貪污好了！表明我只是愛錢，不是愛皇位。他開始收取各種賄賂，累積家財。屬下尉相願發現了，勸諫他說：「如果皇帝已經對你有偏見了，貪污也會成為除掉你的原因啊！」建議他從此裝病辭職在家，不問國事。然而當官的哪是說退出就退得出呢！高緯根本不讓他請辭。（離開朝廷我要殺你太遠了）

爾後國家發生戰爭，高長恭害怕再次被任命為將軍，不小心又贏了會再次功高鎮主，於是有病也不治療。公元573年，高緯送高長恭一壺毒酒當禮物。皇帝要殺人隨便都是理由，但

史書上未記載高緯找了什麼藉口（是看他有病不醫乾脆助他早死？）。可憐的蘭陵王留著淚說：「我對國家如此忠心，為何刺我毒酒？」最寵愛的鄭妃催促他去跟皇帝解釋，高長恭卻說：「皇帝哪會見我呢！」而後瀟灑飲毒酒身亡。那時的蘭陵王才32歲，正是一個男人應當展翅高飛的時候。可嘆！一代名將就這樣殞命，不論究竟是否含冤，總之是因為一支歌舞，加上一句話，走上了死路。

齊後主專情到喝毒藥？

「看我形象多清新、相貌多英挺、心地多善良、個性多耿直呀！」如果說蘭陵王是如上正義與美豔的化身，那麼他最大的國內對手（影劇中，國外情敵另有其人），非齊後主高緯莫屬。高緯嫉妒堂哥蘭陵王英明神武，品行操守強、人氣比他旺、比他會打仗，故處心積慮要殺掉蘭陵王。但作為一個反派的高緯，卻也有可取之處。某劇中提及齊後主高緯深愛「假馮小憐」（實際身分是鄭兒），明知馮小憐一直讓他過量服用鎮定劑，也甘之如飴，雖然每日昏昏沉沉無法處理政事，但從未怪罪心愛的馮小憐。如此的專情與純愛，真的可能發生在以淫亂聞名的魏晉南北朝？

其實，齊後主高緯在歷史上，的確曾經專情於馮小憐這一號人物，但並沒有「鄭兒殺掉馮小憐，冒充其身分」這段灑狗血情節。以及，高緯的荒淫無道絕對不是因為專情於某人導致的昏頭副作用，他本來就是一個亂政有餘、自信不足的爛皇帝。

後主就是要荒淫無道

高緯是北齊第五位皇帝，小時候就長得特別好看，爸爸看了很開心，非常寵愛他，加上他又是嫡出長子（其實高綽比他早一點出生，因為庶出，就變成次子），便立他為太子。高緯雖然很有外貌，性格卻是懦弱不堪，別人盯住他太久他就會生

氣，又因為不善說話，不喜歡跟人見面（這就是往後不喜歡上朝的原因）。10歲那年，他老爹武成帝27歲。某天一顆彗星飛過，太史官說這是「除舊布新」的象徵，該換人做皇帝了。所以武成帝順應天象，傳位給太子高緯，自己則當了所謂的「太上皇」。所以歷史上高緯登基時，可不像劇裡那位一出場就老成的太子，他可是很幼齒的，即位時小學都還沒畢業。

在父親庇蔭下當了七年的兒皇帝後，高湛駕崩了。高緯終於正式「轉大人」，子承父業，不惶多讓地繼續發揮北齊歷代君主特有的荒淫無道。他幾乎不上朝，整天和宮女、后妃在一起吃喝玩樂鬼混，如果有臣子膽敢勸他要勤政，輕則罷官，重則殺頭。高緯的財庫直通國庫，錢多到沒地方花，便將宮裡的宮女每一個都封為郡官，賞賜價值連城的裙子和鏡台（大概是用金子做的）。除了宮女，他的恩惠也澤及牲畜，牛狗馬雞通通有官可做，愛馬為「逍遙郡君」、鬥雞為「郡君鬥雞」等，地位比人還高。罔顧人民都要沒飯吃了，高緯還花錢大興土木，建築雕梁畫棟的宮殿和寺廟。他最大的致命傷，就是幹掉護國功臣斛律光、段韶、高長恭（蘭陵王）等人。這樣對內四處揮霍，對外大方地讓北周攻城掠地，把整個齊國給丟了沒花幾年時間。

高緯一生有三個皇后：斛律氏、胡氏與穆氏。斛律皇后是齊國大將斛律光之女，斛律光身為一代名將，是齊國抵禦北周進犯的一座長城，多次護國有功，因此官拜左丞相，加封清河郡公。但最後下場，是受到高緯身旁寵臣設計陷害，誣稱他「密謀圖反」，最後被人用弓弦勒死，皇后斛律氏則因父親莫

須有的罪名慘遭廢后的命運。胡氏是高緯母親胡太后的親戚，胡太后因為自己與和尚通姦，心中愧疚，為了討兒子歡心而進獻胡氏，但胡氏在鬥爭中被陸令萱鬥倒，被迫出家，成了第二位遭廢除的皇后。穆氏原本是斛律皇后身邊一個小侍婢，因為陸令萱的幫忙，躍升為皇后，還生下太子高恆，但受寵沒幾年，後主又喜歡上其他美人了。目前看起來，高緯像個花心大蘿蔔，見一個愛一個。不，他只是還沒遇到真愛。

專情馮小憐

　　在穆氏失寵之際，婢女馮小憐自告奮勇，要替穆氏請命（讓我去請皇上回宮吧）。穆氏一定沒看過後宮連續劇，馮小憐漂亮成這副德行，派她去請命自己還有將來嗎？果然，高緯一看到我見猶憐的馮小憐，立刻鬼迷心竅，穆氏也就再也挽不回丈夫的心了。但穆氏的前程並沒有停在失寵這一刻，據說北齊滅亡後，穆氏與胡太后這對婆媳雙雙流落到長安城內，因無一技之長，只好靠賣皮肉為生，當時胡太后四十多歲，風韻猶存，而穆氏則二十多歲，豔麗不可方物，兩人生意興隆、門庭若市，生活樂逍遙。

　　話說回來，自從高緯遇見馮小憐，完全一發不可收拾。馮小憐是個聰明慧黠，多才多藝的女子，除了彈得一手好琵琶，擁有飆好幾個八度的唱功，還會下腰跳舞咧！高緯一刻也捨不得與她分離，除了坐要同席（高緯的大腿常是馮小憐的椅子），外出還要共乘同一匹馬，兩人如膠似漆，相約生死與共，這是何等的專情與浪漫呀！馮小憐能歌善舞，高緯有文

才，也很會自彈自唱，兩人常常一搭一唱，鄴城百姓看了都非常羨慕，因此還給高緯取了個綽號，叫「無愁天子」（也有一說是高緯自取此名，後流傳民間）。高緯與馮小憐兩人焦不離孟，孟不離焦，甚至不得已要上朝時（平常沒在管政事），天子也要將馮美人放在大腿上，一邊聽取大臣國情報告，一邊跟美人卿卿我我。有時候馮美人還會不小心露出青春玉體，讓底下的大臣看得心猿意馬，自己要上奏什麼都忘了。

亡國美女，情詩永存

　　唐朝詩人李商隱為此詩興大發，寫了兩首千古名詩來諷刺這兩人，其中一首曰：「一笑相傾國便亡，何勞荊棘始堪傷？小憐玉體橫陳夜，已報周師入晉陽。」說的就是君王一旦為女色所傾倒，便已種下亡國之禍根，何必等到宮殿長滿荊棘了才來感傷？敵軍都已經攻到城門口了，寵妃小憐還躺在天子的寢宮內。不愧是詩人，罵人不帶髒字，卻字字見骨。

　　齊國王室忙著荒淫之際，周師已經整軍準備攻進來了。公元575年，周師攻打平陽，皇帝高緯此時正在三堆打獵，聽聞軍情告急，想率兵前去援助。一旁的小憐意猶未盡，不願意離去，因此向高緯撒嬌「更殺一圍」，高緯不想讓美人心情不好，於是順了她的意，等到這一圍遊獵結束，奔至平陽時，平陽已經陷落。李商隱的第二首詩就是在描述這個情況，詩曰：「巧笑知堪敵萬機，傾城最在著戎衣；晉陽已陷休回顧，更請君王獵一圍。」詩中感嘆美人的一眸一笑威力驚人，比起君主的政務更加重要，要知道美人最傾城的時候就是穿著軍裝的模

樣了。既然敵軍已取下晉陽（其實應該是平陽），就不要浪費時間回首感嘆了，就讓我們再行圍獵一回吧。李商隱可能有跟馮美人通過靈，才能這麼道地寫出馮美人當下的心境。

看到這裡，真讓人懷疑馮小憐是北周派來的女間諜，在這麼關鍵的時刻拖延了齊軍戰機，讓北齊因而亡國。其實馮小憐沒有那麼偉大，也沒有到女間諜的腦袋層級，她只是個單純的美女而已。周武帝滅了北齊後，高緯與馮小憐一起被抓到長安，卻被分隔兩地。高緯念念不忘馮美人，於是向周武帝請求把小憐還給他，周武帝真是英雄，毫不惋惜地把馮小憐賜還給高緯。有美人在懷，高緯就心滿意足了，但沒多久，周武帝為斬草除根，羅織謀反罪名賜死高緯，而馮美人則被賜給了宇文達。

宇文達是個崇尚儉樸、性格果斷、善騎射、非常正經的人，北周帝將妖女，不！美女馮小憐賞賜給他，就是想證明「你們看，我大周國的王族是多麼的廉潔自愛，不為女色所惑！」。殊不知宇文達也拜倒在小憐的石榴裙下，對小憐疼愛有加，甚至聽信小憐的挑撥，險些殺死自己的王妃。馮美人在新宅邸忙著爭寵之際，仍不忘舊主子的恩情。有一次她為宇文達彈奏琵琶時，琴弦斷了，她便作了一首詩：「雖蒙今日寵，猶憶昔時憐。欲知心斷絕，應看膝上弦。」道出她對高緯的思念，真不枉高緯對她一片情意。馮小憐既如此深愛高緯，看來絕對不會餵他喝毒藥，他倆聯手到處讓人喝毒藥還比較有可能。（以毒藥賜死是北齊皇帝的專長啊！）

隋朝建立後，隋文帝根本不敢碰這個亡國禍水，故將馮小

憐賜給宇文達王妃的哥哥李詢。李詢之母想到女兒當年差點被這個妖精所害，故意給小憐穿得破破爛爛做粗活。馮小憐一生都在享樂，無法忍受這種艱苦，估計也常常被李家的人出言侮辱，最後就自殺了。高緯的專情雖然可貴，終究只能和馮小憐聯手上演亡國悲劇，看來自顧玩樂的愛情撐不了一齣戲，高緯和小憐注定只能當配角啊！

周武帝不是愛情炮灰那麼簡單！

影劇《蘭陵王》裡，有位周旋在蘭陵王與天女之間的帥氣第三者，他時而霸氣時而柔情，總是默默守護著女主角，甚至要賠上性命也沒有一句怨言，這麼偉大的情操是要上哪裡找？雖然在戲裡只能當個炮灰，偶爾充當女主角的避風港、陪陪女主角聊心事、保護女主角安然產下情敵之子、受個傷讓女主角醫治外，其實其餘時間還是有在做事的，而且是正事。史書上對於這位結束南北朝紛擾局勢有功的北周武帝，其情史可能沒有戲劇裡描述的那麼深入、精彩，但出生亂世的宇文邕，除了是個不亞於蘭陵王的有為青年，還是動盪朝代下少數有所作為的君主，最後「幾乎」完成一統北方的霸業！

老狐狸讓他堅強

宇文邕是宇文泰的第四子（另一個四爺?!），北周第三任皇帝。小時候就顯現出他聰穎過人、器度非凡的一面。宇文泰曾說過：「繼承我大業的人，一定是宇文邕。」當宇文邕12歲時，就被封為輔城郡公。一路走來，官途順遂，父親與兄長都很寵愛宇文邕，也讓他有機會參與國政。宇文邕頭腦清晰、才思敏捷，對事物的觀察入微、也能有條理地分析。雖然因為性格沉著穩重，不輕易發表意見，不過一開口就能切中要點。

集家世、器度、才能於一身，宇文邕天生就注定要當一國之君，甚至時間允許的話，他很有可能掃蕩整個動亂，成

為合併南北朝紛亂局面的霸主。此時橫亙在宇文邕邁向帝王之路的，是權傾一時的大塚宰宇文護。宇文護是宇文邕的堂哥，兩人差了快三十歲左右，宇文邕還未出世時，宇文護已經跟著宇文泰四處征討，屢建戰功，輩分上算是北周的開國元老。宇文泰一死，宇文護便順理成章地當上攝政王，輔佐年幼的皇子們。在他的策劃下，西魏恭帝禪位於周，宇文家的三子宇文覺與長子宇文毓相繼被推上帝位，後來兩位宇文皇帝因為「不聽話」而遭到廢儲或毒死的命運。

宇文護在朝中的勢力益發壯大，又坐擁兵權，所有朝臣都只能向宇文護俯首稱臣。就是在這樣的環境下，年僅17歲的宇文邕繼位為周武帝。宇文邕表面上處處屈從、尊敬宇文護，讓大權在握的宇文護逐漸放下對他的戒心。宇文邕又還說，百官上奏的摺子都先給晉國公（宇文護）批閱，再呈奏給自己就好。這樣的紆尊降貴，奉承討好宇文護，著實是宇文邕在尚不屬於自己的朝廷裡步步為營的辛酸寫照啊！

公元572年，周武帝邀宇文護一同前去看望太后，周武帝對宇文護說：「母后年事已高，但很喜歡喝酒，勸過好幾次都沒用。現在請堂兄您過來一趟，幫我勸勸母后。」說完便從懷中掏出《酒誥》交給宇文護，跟他說：「麻煩堂兄就對著母后念誦這篇文章，好生勸她。」宇文護按周武帝所言，對著太后讀起了《酒誥》，周武帝見機不可失，隨手抄起玉珽往宇文護頭上一敲，宇文護應聲倒地，一旁的隨侍立刻再補上幾刀，加上周武帝母后的弟弟衛公宇文直的幫忙，權臣宇文護就此殞命。

從小生活在宇文護的魔掌之下，宇文邕親眼目睹兩個哥哥

像傀儡一般受到宇文護的操縱擺弄，只要懷有一絲反叛之意就會被殺，所以他冷靜觀察宇文護，揣測宇文護的心思，所下的棋著都是諜對諜的遊戲，步步為營，隱忍著對宇文護所有的不滿與痛恨，深思琢磨著如何從腐敗專橫的宇文護手中奪下政權。相對於北齊歷任君主，各個皆耽溺於酒色、暴虐與濫殺，不思朝政，這樣的北齊遇到了成功上演王子復仇記的宇文邕，怎能與之匹敵呢？宇文邕成功的背後，可說是因為一直與一隻老狐狸（宇文護）共舞，讓他時時謹慎、不得不堅強。

統一北方第一步，就是先滅佛！

　　除掉宇文護後，宇文邕開始推行一連串的改革，加上父親宇文泰先前打下的基礎，使得一直處於劣勢的北周，終於有了戰勝北齊的機會。宇文邕對內最為人所知的舉措即「滅佛運動」。滅佛運動這件事不知是否因為英雄所見略同，北魏太武帝與唐武宗也幹過。因三人名字內都有個「武」字，世稱「三武滅佛」，對佛教來說則是「三武之禍」。

　　南北朝是佛教甚為蓬勃發展的時代，北齊國內寺廟愈建愈多，累積了大量財富，衍伸出很多嚴重的社會問題。許多男丁寧願出家也不願從事耕作或從軍，造成生產與軍事上的人力短缺。而龐大的宗教信仰儼然也成了跟政府分庭抗禮的另一股權勢，因為禮遇這些僧侶與寺院，讓他們的權力更加氾濫，不受法理常規所約束，國力因此嚴重遭到侵蝕（從軍男丁人口太少，難怪戰爭一直輸）。

　　有鑑於此，周武帝決心禁佛。奪回政權的隔年，周武帝召

集了百官、道士與僧侶，共商佛、道、儒三教的問題，這次會議得出的結果是「以儒為先，道教為次，佛教為後」，由周武帝拍板定案。於是公元574年5月，開始了一連串的禁佛、禁道運動，所有的經書佛像都被銷毀，沙門與道士則還俗成一般平民。直到滅了北齊，周武帝仍持續著滅佛政策。而被命令還俗的僧侶、女尼則被編進國內的戶口，擴充了當時的兵源與生產人口來源。

周武帝禁佛時間從574年到578年，歷時四年，牽扯的層面甚廣，由結果來看成績很可觀，不僅增加了民間勞動力、增加稅源、擴大兵源，且東平齊國、西和突厥，達到富國強兵之策。周武帝有遠見，又能力排眾議，致力滅佛，為滅齊奠定扎實的基礎。

鄭妃、鄭姬傻傻分不清楚！

宇文邕的皇后叫「阿史那」是無庸置疑的。但是為啥影劇《蘭陵王》中會把天女跟宇文邕扯在一起呢？還一起大談三角戀，莫非編劇從史書裡嗅到了什麼關聯性？史書上蘭陵王唯一的老婆叫鄭妃，恰巧宇文邕的一個寵妾也叫鄭姬，都姓鄭，加上蘭陵王比周武帝早死，是不是周武帝滅北齊後，納了蘭陵王妃為妾呢？

嘿嘿，莫急莫慌莫害怕，蘭陵王的鄭妃與周武帝的鄭姬不是同一個人啦！雖然《北齊書》上關於鄭妃的敘述僅存在於蘭陵王被賜與毒酒時，蘭陵王跟鄭妃哭訴說的一段文字敘述。但後世學者經過層層考察，證明了蘭陵王的老婆鄭妃乃出身名

門，不是傳說中的巫咸後人、會預言兼搞恐怖攻擊的那位天女！而宇文邕的妃子鄭姬，本是北齊高緯的妃子，北齊被滅之後，周武帝順手把鄭姬帶回家做小妾。所以鄭妃與鄭姬不是同一個人，北周武帝絕對沒有「接收」與「使用」蘭陵王老婆的嫌疑。周武帝在歷史上沒有感人的愛情故事，自然也沒當過愛情炮灰。他在娶老婆方面算是清心寡欲，後宮大小老婆才十餘人，在那個時代這麼「不荒淫」實在非常稀有。

幾乎要統一北方

公元575年，北周武帝宇文邕派猛將出兵北齊，才打了兩個月，不巧周武帝生了一場病，周軍退兵，北齊又多了一年可以逍遙荒淫。隔年，周武帝集結十四餘萬兵力（老子痊癒了這次要速戰速決），將大軍部署在各地，其中王軌率領的一支軍隊很快地攻下平陽。齊後主高緯陪寵妃「更殺一圍」後，急急率領十萬大軍來救平陽。一直把戰爭當成狩獵遊戲的寵妃馮小憐，也吵著要跟來玩。抵達平陽的宇文邕，看齊師軍容整齊，不想正面交鋒，於是將主力駛離平陽，引部分齊軍來追。

周軍主力一離開，齊軍更猛攻平陽，守城的梁士彥擋得非常辛苦。好在齊師軍中有一個愛玩的馮小憐，某天打到傍晚，幾乎要攻下平陽了，馮小憐嫌夜色讓她看不清楚攻城的精彩過程，撒嬌要高緯隔日再打，高緯想反正勝券在握，便答應了。不料隔天開始飄雪，天色昏暗，強風怒吼，想來也不是個賞雪觀戰的好天氣，馮小憐再次要求延後攻城。齊軍就這樣延誤了兩次攻城時機，梁士彥則養足體力士氣，休息得不亦樂乎。同

時，宇文邕將大軍整隊好，一起開回平陽，包圍了高緯軍隊，給他來個內外夾攻。周齊兩軍在平陽浴血苦戰兩日，齊軍大敗，高緯逃回晉陽。公元577年正月，周武帝率軍攻破鄴城，高緯本來準備投奔陳朝，但被北周追兵俘虜，抓到長安當人質。

北周武帝宇文邕一向體恤將士，與士卒同甘共苦，個人又勵行簡約的生活，因此受到軍民愛戴。這下子滅了北齊，統一北方，成為一統江湖呼聲最高的人氣王者！他也相當具有野心，準備要平定突厥、南下伐陳，拿下整個中國。不料，公元578年要出兵伐突厥之際，宇文邕就病死了。可惜啊可惜，這個心願，只好交給楊堅來完成了。

陸令萱是上進小資女？

　　影劇中，陸貞是個天真無邪的女孩兒，為了躲避後母的迫害而躲進宮中，堅持憑自己的力量來替父親報仇血恨，最後成為中國史上地位最高的一品女官。其實歷史上的北齊官場，並沒有「陸貞」這號人物，倒有位女官「陸令萱」，但這兩人反差可說是「大到深處無怨尤」啊！陸令萱原是罪臣之妻，後來成為太子高湛的乳母，官至太姬（皇后的母親）、女侍中（相當於外廷二品官）。可惜她心術不正，最終也淪落到悲慘的下場，並在歷史上留下污名。

陸令萱一出場就是中年寡婦

　　歷史上的陸令萱，原是高歡手下駱超的妻子，因丈夫謀反失敗而被配入皇宮作奴婢，其子駱提婆也被抓入宮中為奴。高洋建立北齊後，陸令萱被發配到長廣王高湛宮中。公元556年，胡妃替高湛生了個兒子高緯，因為陸令萱當時已經「四十好幾」，又有生兒育子的經驗，結果免費升級為高緯的乳母。因此陸令萱一出現在北齊的歷史上，就是個不太可能被高湛看上的中年寡婦。

　　然而，陸令萱精明能幹，辦事能力佳，說話應對又相當得體，最重要得是把高緯照顧得無微不至。高緯和她相當親密，也非常喜歡這乳母。這擅長奉承的陸令萱，城府很深，也懂得要諂媚高湛及胡太后，因而在宮中地位日益茁壯。影劇中，陸

貞為了升為六品女官，不斷地努力參加考試（公務人員升等考嗎？），或是為朝廷立功，職位也是蒸蒸日上，最後成為中國唯一女相，多麼勵志的人生經驗！但歷史上的陸令萱不用考試！光憑乳母一職，直接晉升等同四品官的職務。

公元561年，長廣王高湛即位後，立胡妃為皇后，兒子高緯也成為皇太子，照料高緯一把罩的陸令萱自然也沒閒著，馬上被封為「郡君」。郡君這封號在古代歷史上，只有皇室公主或朝中四品以上官員的老婆才比較有機會得到，一個奴婢身分的老乳母，居然能夠獲得這封號，便知她在高湛與胡皇后心中的地位有多高。

穆黃花產下皇子，略勝一籌！

公元565年，高湛禪位給年僅9歲的高緯，當時朝中大權掌握在胡太后與和士開手中。高緯是陸令萱一手扶養長大，兩人感情相當的好，高緯對陸令萱言聽計從，隨著胡太后還政給高緯，高緯也樂於將權力和「乾媽」分享，因此陸令萱的權勢愈來愈大，進而成為宮中總管，擁有對後宮極大的影響力。陸令萱從一個被配入宮中的奴婢，搖身一變成為郡君，身分地位三級跳，她開始想追求更高的權力地位。但她與皇帝毫無血緣關係，好像不是那麼容易布局，沒關係，就從皇帝身邊的女人下手。

高湛替高緯選擇職掌三軍的太尉斛律光的女兒為皇后，但高緯卻和皇后侍婢穆黃花搞在一起。這個時代的好處就是不用太在意出身，陸令萱這種罪臣之妻都可以爬到後宮總管了，小

侍婢想成為皇后也不是不行。滿腹心機的陸令萱，用迅雷不及掩耳的速度將穆黃花收作義女，明示暗示地表達：你將來成為皇后可別忘了我是你老娘。

胡太后在高湛死後孤單難耐，藉口去佛寺禮拜、聽講佛法，一去數日，其實與和尚曇獻有不軌關係。東窗事發後，怕被皇帝疏遠，胡太后為了取悅兒子，特別將姪女胡氏盛裝打扮，帶入宮中送給高緯。高緯最喜愛美女，一看到就愛不釋手，欲罷不能，立刻封為弘德夫人，隨後進位昭儀。現在有斛律氏、胡氏、穆氏三個女子，一個是名將之後，一個後台是胡太后，相較之下，陸令萱支持的穆黃花最沒有籌碼（後宮總管的義女？怎麼看都很弱）。

不過老天爺相當眷顧陸令萱，因為這三個女子當中，穆黃花第一個產下皇子高恆，高緯第一次當爹地自是樂不可支，陸令萱見機不可失，立刻慫恿高緯將穆黃花封為夫人，並且自作主張將高恆讓給正宮皇后斛律氏當養子，讓高恆成為太子（真是高招）。穆氏一看到兒子居然變成了太子，興奮到黃花都變紅花了，大大拉近這兩個女人之間的關係。

除掉斛律光

陸令萱接下來就要除掉她義女的兩個情敵了。首先是皇后斛律氏，她本身沒有失德，但他老爹斛律光，陸令萱是怎麼看怎麼不順眼。陸令萱曾替自己的兒子向斛律光求親，想娶斛律家的女兒，但被惡狠狠拒絕（斛律光極討厭這個玩弄權勢的女人）。另一次則是後主要將晉陽的田地賜給陸令萱的兒子時，

被斛律光阻止，因此陸令萱對其恨之入骨。

斛律光是皇后的父親，家族事業就是掌握國家軍事大權，在北齊的地位僅次於皇族。斛律光本身善於騎射，人稱「落雕都督」，武藝超群且驍勇善戰，奇謀韜略樣樣精通，屢屢為國創下奇勳，可謂戰神，如果沒有這位護國將軍，北齊可能也撐不到陸令萱出場吧！身為北齊的擎天柱，不但敵國對他有所畏懼，連高緯也要敬他三分。起初陸令萱以懷柔政策，想拉攏斛律光和她一起結黨營私，但都遭到嚴辭拒絕。陸令萱決定了，就除掉斛律家，讓眼中釘和義女情敵一併消失吧！

善戰的斛律光一直是北周大敵，北周知道斛律光在朝中有敵人，便開始造謠生事，讓人編了兩首兒歌在北齊首都鄴城開唱。古時候的兒歌沒有幾句，很容易傳唱開來。第一首：「百升飛上天，明月照長安」。百升就是一斛，明月又是斛律光的字，意思就是斛律光有篡位之心。第二首：「高山不推自崩，槲樹不扶自豎」。擺明要推翻高家，豎立斛家王朝。陸令萱的寵臣祖珽聽到以後，興奮得不得了，趕緊向後主告密。齊後主為人懦弱沒什麼腦袋，問韓長鸞怎麼辦，韓長鸞認為不必為這種謠言大驚小怪，事情就暫時被壓了下來。不過祖珽怎麼可能放棄，持續挑撥煽動，然後再製造一些斛律光想謀反的假證據，動搖齊後主的心。高緯一向膽小怕事，想到斛律光可能有天會叛變，奪取他的王位，這樣他不就無法夜夜笙歌，也不能享受殺人快感了，於是聽從祖珽的策略，佯裝無事請斛律光進宮。斛律光不疑有他，腳才踏進宮殿，就被北齊第一御用殺手劉桃枝快刀解決，家族滿門抄斬。

斛律家滅族後，斛律皇后也被廢黜，皇后的位置就這樣空了下來。陸令萱多次慫恿高緯立義女為皇后，但胡太后不准，皇后的位子哪裡輪得到這姓穆的小婢！當然是我姪女當啊！於是高緯立胡昭儀為皇后。陸令萱不死心，不斷提醒高緯：「穆黃花的兒子高恆是太子啊！太子的母親少說也要來點名分……」終於幫穆黃花爭取到左皇后的位子。

罷黜胡皇后、取代胡太后

接下來要算計的人兒就是胡皇后了。胡皇后是胡太后的姪女，後台這麼硬，要怎麼拗她下台呢？但陸令萱就是有辦法，因為胡太后有一個大弱點：害怕別人批評她淫蕩（真相總是血淋淋）。

有一天陸令萱和胡太后聊天打屁，忽然嘆了口氣，裝出忿忿不平的樣子，然後自言自語道：「唉！真是人心叵測！親姪女居然講出這樣的話。」胡太后追問究竟何事，陸令萱開始欲言又止：「唉！這些話還真不方便說出來，您還是別知道的好。」這種話說一半吊人胃口真的很厲害，逼得胡太后再三追問，陸令萱難掩心中大喜，終於說了：「胡皇后對皇上說，太后行為多有不法，不足為人母訓。」一身淫亂的胡太后其實很忌諱別人對她說三道四，尤其是自己親手提拔的親姪女，膽敢說出這等話，於是怒氣衝天，立刻叫人把胡皇后帶來，不由分說，就下令將胡皇后的頭髮剃光，送去出家。

其實全世界的人都知道胡太后的淫亂日誌，就高緯不知道，有一日入宮向母親請安，瞥見兩位女尼頗具姿色，不禁垂

涎三尺,半夜即召兩名女尼侍寢準備臨幸,兩人抵死不從,高緯強行脫下兩人衣服,才發現兩人竟是男扮女裝。原來胡太后因為這兩位和尚頗具姿色,看了中意,便帶回宮中,高緯遂斬首二人並遷太后於北宮幽閉。太后一職空缺出來,陸令萱野心再度燃起,想要一舉奪得皇太后的寶座。她派親信祖珽等人在朝中替她積極爭取,明示暗示,然而朝中大臣不解風情,紛紛反對她成為太后。其實又何必要此名聲,她早已經是個無冕皇太后了。

太后拿不到不要緊,皇后總能到我身邊吧!左看又看,也沒有其他人的後台強過穆黃花了(此時馮小憐尚未出場)。公元573年,高緯立穆黃花為皇后,因陸令萱是皇后的義母,所以被稱為「太姬」,地位還在長公主之上,陸令萱終於實現她的夢想,成為皇宮裡最有權力的女人!

母子同心,齊力消耗國庫

陸令萱有個兒子名叫提婆,在她認穆氏為養女後,非常狗腿地將自己的兒子改姓穆,從此義女是穆黃花,兒子喚穆提婆。穆提婆本人縱情聲色,喜愛奢華糜爛的生活,與高緯一拍即合,朝夕相處後,高緯對他相當信任,直接將朝中要職給他。朝中佞臣和士開、高阿那肱也以兄弟相稱,相偕拜陸令萱為義母,加上趨炎附勢的祖珽,這一幫人都成為陸令萱在朝廷的鷹犬爪牙。

說到和士開這傢伙,可真是個厲害的角色,因為彈琵琶專業技能而獲得長廣王高湛的喜愛,待高湛即位後,所有大大小

小的事物都交由他來定奪。和士開得寵後，直接告訴高湛：「從古自今，無論是聖賢堯舜，還是暴君桀紂，所有皇帝死後都是化成灰土，所以死掉之後有什麼差別呢？所有的事情都是虛無的，陛下應該要把握壯年時光，盡情放縱，及時行樂才是王道，不要被其他事物干擾。快樂一天可有助於長壽呢！朝政這種東西，叫那些大臣去處理就行了，何必在這費神呢！」高湛聽聞後，十分相信這種說法，便不再理會朝政，一個禮拜上朝個一兩天做做樣子，其他全權交由和士開辦理。和士開和「乾媽」陸令萱聯手，一起在朝廷中呼風喚雨，中飽私囊。

有了和士開為首的這幫狐群狗黨，陸令萱先後除掉高叡、高儼、斛律光等重臣，完全掌握了朝政。陸家幫大夥兒有福同享，一起過著浮華奢侈的生活，隨意買賣官爵、投資賺錢。尤其陸令萱母子同心，一起敗光國家財產，每當他們要賞賜財物給下人，都逕自到官庫去取，把國庫當成自家銀行。其實穆提婆本身性情溫和，不像媽媽喜歡殺人，高阿那肱也不玩弄權勢或陷害忠良，他們只是「有錢大家賺」的股東之一。但眼見高緯暴虐、陸令萱亂政，卻一言不發，讓朝政放著擺爛，地方官也跟著貪污，北齊整個吏治敗壞、陷入空前大危機，這群人沒一個跑得掉責任。

陸令萱整整操縱北齊國政八年，亂政禍國，終致北齊滅亡。公元576年，北周大舉入侵北齊，北齊潰不成軍，節節敗退。隔年北周殺入都城鄴，高緯及其子被高阿那肱獻給北周當降禮，北齊這荒淫暴虐的國家就此從世界上消失，陸令萱的愛子也歸降北周，而陸令萱被迫自殺，結束她烏鴉變鳳凰的一生。

北齊皇室兄友弟恭列傳

　　影劇中成功營造古代帝王世家兄友弟恭的和睦景象：高演自幼不與弟弟搶奪心儀的女孩，長大後則想將皇位讓給弟弟，更是利用皇帝之位維護弟弟新歡小貞貞，如此大氣之人何處尋！而弟弟高湛也不遑多讓，為了國家發展，不和哥哥爭權奪利，並將幼時心儀對象託付高演，這溫馨的畫面在北齊的宮廷中隆重獻映……拜託！這你也信，歷史上有多少皇室內兄弟為了皇位爭得你死我活，連威名遠播的一代賢君唐太宗，都必須搞個「玄武門之變」才奪得皇位，北齊皇室內的兄弟又怎麼可能和平共處呢？

「北周大貴人」高歡

　　要說到現實中的高演及高湛，就得先提及他們的父親「高歡」。高歡原本只是個在城頭站崗的士兵，但因足智多謀、善用權宜之計，造就了他在北魏、東魏權傾一時的地位。高歡到底多聰明？他曾在臨終前告訴兒子，侯景這個傢伙日後必定作亂（其實這件事是他老婆婁昭君先告訴他，但他觀察後能接納也十分了不起）。結果高歡死後，侯景立即造反，印證其看人眼光之精準，不輸三國時期的劉備與諸葛亮。高歡為人也十分果斷，某次，他為了觀察兒子的治亂意識，命令幾個兒子輪流解開一團亂麻繩索。正當大家百思不得其解時，次子高洋二話不說抽出快刀將其斬斷，並說「亂者需斬」，高歡見了十分歡

愉，這便是「快刀斬亂麻」一語的由來。總之，聰敏、果斷再加上用人唯才，高歡因而成為北齊政權的奠基者。

但這樣一個有才之人，嗜好卻是搶奪他人妻女（高家淫亂始作俑者），荒淫的程度可說是族繁不及備載。東魏諸帝的皇后與王妃（莊帝皇后、建明帝皇后、魏廣平王妃、任城王妃、城陽王妃……）皆逃不出他的手掌心，一一受其淫辱。高歡的野心極大，導致北魏孝武帝深感不安，最後投奔宇文泰。當時高歡掌控的東魏在國力上遠遠超越西魏，一心想要統一天下，但宇文泰在戰略上就是有辦法勝過高歡，使他一生都無法達成心願。此外，因畏於被史書記載為小人，高歡一生都不敢篡位，對東魏孝靜帝也還算謙恭有禮，但他並未約束自己猖狂的子弟。因此他一死，其子高澄、高洋都不把孝靜帝當人看，高洋更是直接就篡位了。

由於高歡其身不正，教子無方（大概血緣也有很大的關係），北齊後來的君主皆淫亂不堪，暴君輩出，最終被北周給消滅。可以說高歡的「血統」讓北齊亡於北周，北周後裔應該頒塊「惠我良多」的匾額給高歡大人。

專業亂倫的登徒子高澄

蘭陵王高長恭的父親「高澄」是高歡與婁昭君的長子，「據說」外貌極佳、善於言笑且氣宇不凡。他在父親高歡死後便繼承大丞相之位，年紀輕輕就手握大權，都督各軍。儘管他聰明過人、喜愛賢士且義氣爽直，但是卻年輕氣盛、血氣方剛、傲慢暴烈、縱慾奢侈又任性恣意。某次東魏孝靜帝與高

澄喝酒時，脫口自稱「朕」（雖然他是皇上，本來就可以說「朕」，但傀儡皇帝這麼說就等於宣示主權），高澄火氣都上來了，怒罵「朕、朕、狗腳朕！」（好幼稚的罵法），要親信崔季舒痛毆他三拳。孝靜帝不堪受辱，爾後和荀濟等大臣密謀要將高澄除掉，不料機密外洩，高澄立馬帶兵直闖宮殿，屠殺孝靜帝的左右大臣，並將荀濟等「孝靜帝叛黨」在大街上活活煮死——皇帝一方被稱作叛黨，一代梟雄「曹操」都沒有這麼囂張。

盡得乃父真傳，淫亂成性也是他的特色之一，15歲就私通爸爸高歡的妃子。掌權後更得寸進尺，兄嫂弟媳（弟弟高洋的妻子李氏）都不放過，不服從就殺無赦。高澄的親信崔季舒說某大臣的夫人外貌身形均屬極品，高澄便將其騙至府中，該女子不堪受辱，奮力抵抗並痛罵高澄是衣冠禽獸、人面獸心，高澄一怒之下，將其活活打死，並叫廷尉來治其罪，廷尉不從也遭毒打一頓，高澄最後直接下令將該女滿門抄斬。另一位親戚的妻子也被要求進宮侍酒，想也知道他居心不良，雖然抵死不從，但在高澄的脅迫下（家族的性命掌握在自己的貞節牌坊），最終只能就範。

根據史書記載，梁朝大將蘭欽之子蘭京因交戰時被俘至東魏，並且被分發到高澄家中當廚子。高澄多次拒絕其父以重金贖回的條件，蘭京本人更多次請求返家，高澄卻直接告訴他：「你再囉唆！就宰了你！」蘭京便夥同數位廚房同事伺機刺殺高澄。當高澄正與崔季舒、楊愔、陳元康幾位親信在東柏堂密謀奪東魏政權，蘭京拿著食物入內，高澄一邊吃還順口說道：

「昨夜夢裡，這奴才用刀砍我，過幾天我就要親手宰了他。」
蘭京一聽嚇得差點閃尿，立刻回到廚房將刀放在托盤下方，和
同夥再次入內，高澄看見他怒火中燒大喊：「我沒喚你，你逕
自入內做什麼？」蘭京抽刀怒吼：「我！來！殺！你！」高澄
嚇得從床上跌了下來，想躲到床底下，陳元康上前抵抗卻立刻
被捅了個肚破腸流，崔季舒和楊愔一個躲進廁所，一個跑得夠
快，逃過一劫。幾個廚子聯合把床掀起，蘭京手起刀落，了其
性命，高澄就在新寵琅邪公主家中結束他的荒淫人生。隨後高
洋趕至此處將蘭京斬首。高洋稱帝後，追封兄長高澄為文襄皇
帝，真不怕羞，封他「蚊香皇帝」還是「亂倫公會理事長」比
較合適吧！

精神分裂之北齊開國皇帝高洋

　　高洋為高歡次子，身為北齊的開國皇帝，也是在位較為
「持久」（10年）的北齊皇帝。高洋自幼沉默寡言，但卻聰明
過人，而且大智若愚，儘管相貌不佳、遭其他兄弟嘲弄，仍然
受到父親欣賞。其兄高澄死後，他便牢牢掌握大權，傀儡皇帝
孝靜帝被迫封他為丞相和齊王。高洋野心勃勃，20歲時（公元
550年）便廢掉東魏孝靜帝，自立為帝，北齊就此建立。

　　高洋在位初年，還算相當稱職，一上位便將青梅竹馬、才
德兼備的李祖娥冊封為皇后（居然對她十分禮遇及尊重）。此
外，他對政務也相當用心，除了整併州郡、修改吏治、鞏固防
禦，更訓練出兵強馬壯的軍隊。西魏宇文泰在北齊建國初年率
領大軍進攻，想趁其政權不穩之際一舉殲滅，但見到高洋親自

統領的部隊軍容嚴整，不禁嘆道：「高歡不死矣！」加上當時天候不佳，宇文泰只能悻悻然地退軍。高洋征討契丹、柔然、高句麗等國，讓北齊在短短的時間內壯大，並且在陳國、西魏等相互鼎立的國家中，成為最富庶的國家。

可惜好景不常，過不了多久，高洋血液中淫亂基因作祟，開始過著荒淫、糜爛、腐敗的生活。除了沉迷於酒色之中，更荒廢朝政，且為了自己的奢侈生活，動用十萬人力，在都城修築三座豪華宮殿及高台，此舉相較秦始皇真是有過之而無不及啊！高洋的淫亂程度可不輸給哥哥高澄（這家族的淫亂基因真是太強大了），亂倫對他來說只是芝麻蒜皮的小事，除了姦殺庶母爾朱氏外，更直接賜死兩位弟弟，並將弟媳婦收入宮中，膩了再送給他人為妻。據聞高洋曾經寵愛一名女子薛嬪，但懷疑她與堂叔有染，嫉妒之火瞬間噴發，命其堂叔自殺。當時該名薛氏女子已懷有身孕，於是他等孩子出世後，再將薛氏進行肢解。高洋帶其頭顱回到宴會中，不期然地將頭丟出，賓客瞬間驚慌失措鳥獸散，他還能不急不徐地以薛嬪的腿骨為琵琶，吟唱「佳人難再得」！

高洋出人意表的行為，可能源自酗酒成性導致的精神分裂症。某次酒醉後，高洋竟說要將母親婁太后轉嫁到蠻族的瘋話，氣得婁太后說：「我怎麼會生出這種大逆不道兒子！」酒醒後發現犯了大錯，也知道自己酗酒後行為荒唐，鞭斥自己並下定決心戒酒，但是最後卻無疾而終、依然故我。據說他還曾經當眾脫光生母衣物，鞭打至跪地求饒才肯罷手，更曾在北齊處寒冬季節之時，不畏風寒裸露身體逛大街（國王的新

衣？），只能說酒精害人不淺。

　　精神分裂症的另一症狀，即是殘忍嗜殺。篡位後的高洋，前去詢問東魏皇族元韶（高洋的姊夫）為何東漢光武帝可以中興漢室。元韶告訴他，是因為新的朝代沒有把漢室劉姓皇族殺光（笨蛋！沒發現在影射自己？），高洋便下令誅殺東魏皇族，無一倖存。其餘元姓十九家亦遭囚禁，連姊夫元韶都在獄中餓死。高洋因殺人成癮，死刑犯殺不夠，便將尚未被判死刑的犯人帶在身邊，想殺就殺，稱為「供禦囚」。高洋有時會在淫亂之際，抓一些囚犯同處一室，無預警地斬殺犯人，聽見他們哭爹喊娘，更能使他獲得快感。一時興起還會直接將他蹂躪完的宮女一刀劈死，行為跟殺人魔無異。對於說他壞話的人，就直接送上奈何橋了。據說有次高洋讓崔季舒背著逛大街，撞見一名婦人便問：「我們的皇帝如何呀？」婦人不知他就是皇上，直言道：「成天瘋瘋癲癲，哪裡像個皇帝！」高洋大怒，馬上讓婦人的腦袋搬家。

　　如此淫亂嗜殺、每天都過著與鮮血為伍的生活，心臟與身體都不堪負荷，年僅31歲便死了。

北齊心智最健全的孝昭帝高演

　　影劇中被刻劃成體弱多病、對蕭貴妃癡情萬分、不愛皇位的高演，是高歡第六子，為北齊第三位皇帝。若要一一還原歷史真相，真正的高演雖是病死，但卻沒有自幼體弱多病；他在現實對誰癡情無從釐清，但蕭貴妃可不是北齊人物；此外，高演能夠當皇帝乃是殺姪篡位，不能稱不愛皇位。即使如此，高

演還是北齊諸帝中，最可取的一位，可惜活得命不長。

　　據說高演從小就風度翩翩、聰穎過人，具有大將之風，贏得母親婁太后的寵愛。再加上身長八尺、腰帶十圍，容姿煥發、儀表出眾又擅長於政術，很快便獲得參預朝政的機會。隨著政治經驗成熟豐富，又見兄長文宣帝高洋沉浸於酒色之中，朝中許多大臣開始牆頭草兩邊倒，趨炎附勢，感到痛心。高演並未放棄兄長，仍不時對其直言進諫，但成效不佳，所以高演整天愁容滿面。難得的是，高洋對高演的勸諫從不惱怒、也沒動手殺人，可看出高演十分受到高洋寵信，至少在他面前，嗜殺的高洋還顧及手足之情。

　　文宣帝高洋臨終前，直接告訴弟弟高演：「必要時皇位可以直接拿走，但千萬不要傷害我兒子高殷（這時候腦袋倒還清醒）。」公元560年，高演篤信「成大事者不拘小節與良心」，便配合母親婁太后與弟弟長廣王高湛等人發動政變，解決掉楊愔等人，先將國家重權獨攬於手，再登上王位，那年高演26歲。雖然婁昭君幫忙愛子高演篡位，但她要高演發誓絕不傷害他的寶貝孫子高殷。不過高演為了避免夜長夢多，有備無患，隔年就祕密將高殷給宰了，婁太后為此終生都不肯原諒高演。

　　高演是勤於政事之人，一上位即整頓混亂的政治秩序，並且下達一連串的詔令，比方說要求執法人員必須依法行政且刑責要有依據，徇私舞弊或接受「關說」者，殺無赦；宮中所有60歲以上的官、奴婢皆釋放為自由人；國子寺（教育管理機構和最高學府）可以自行開班授課，更由官員進行督課。高演即位前，北齊物資漲幅不斷，且糧餉不足，無法救濟災荒之地，

導致民不聊生。他登基後，下令在黃河沿岸大量屯田，使國家每年可從中獲得十多萬石的糧食，成功解決河北等地的缺糧問題。同時在河北等地設立了儲糧機構，以克服運輸問題。高演的政策成功解救了不少處於水深火熱中的人民。

此外，為了能夠隨時了解民情，迅速知道民間疾苦，高演居然命令部分大臣可以隨時進入寢宮，一同研究歷代的政治、田制、詩書、禮樂、稅收或官職，找出不合潮流或不適用須調整的部分進行廢除或修正。據史書記載，這些大臣總是天亮進宮，天黑出宮，由此可見他是位愛民如子，專心治理朝政之人（這在北齊，不，整個魏晉南北朝都實屬難得）。

除了勤於政事外，高演還是個從諫如流的人物，很了解「內自省」的道理，要求朝中大臣要適時點醒他。他曾經對著高睿和庫狄顯兩位大臣說：「因為我執政經驗不足，你們一定要勇敢告訴我不好的地方。」庫狄顯便直言：「陛下有時候會胡說八道。」高演不但沒有發怒，還要他繼續往下說。「以前陛下看到文宣皇帝毆打眾臣，總會上前規諫，但現在您也常常毆打，這不就證實了您當時是在胡說八道嗎？」高演聽畢，緊緊握住其雙手並謝聲連連。高睿則說：「陛下做事情不分大小、順序，造成一堆重要之事與雜事全部混在一起，很沒效率。」高演回答：「你說得太對了，我自己也有發現這個問題，現在百廢俱興，一切都得從頭來過。」有一次高演當朝將一名犯人斬殺，隨後問心腹王晞：「此人該不該死？」王晞回答：「該，但地方不對。刑場才是正確的場所，朝廷是個神聖的場合，怎麼能夠在這邊殺人呢？」高演立刻反省並保證不會

再犯，要成為眾臣之表率。

　　高演執政前，北齊和北周一直處於爭鋒相對、干戈不息的階段。但他不是好戰分子，且清楚知道當務之急是處理內憂，穩定國政，並積極建設國家，尋求賢能之人，因此在位期間除了征討庫莫奚之外，幾乎和周遭國家處於敵不犯我、我不犯人的和平狀態。於是這段期間北齊得以穩定發展，人民也免於陷入流離失所、喪夫喪子的景況。

　　除了在政事上盡心盡力，高演亦關心民生問題，視百姓如己出，派遣大臣探查四方，解決民生疾苦。在軍事上，抵禦外患，使當時的北齊能夠文武兼盛。後世對其在政事上的評價甚高，直言北齊六帝之中，只有他才是德才兼備的角色（如此才德之人在影劇中居然被賜死於弓箭下）。可惜他在位不長，即位隔年便因墜馬重傷不治，年僅26歲。（上面寫了一堆好話，竟都在一年之後煙消雲散！）

　　高演一生最大的污點就是為了奪位而除掉自己的姪子，這影響了他日後的心理狀況。殺害高殷後不久，高演自覺愧對兄長高洋，這樣的心情沒日沒夜地困擾著他，沒多久就出現精神上的錯亂。他常常看到哥哥高洋站在自己的面前，揮舞著劍要替高殷報仇，嚇得他屁滾尿流失了魂。他的妻子請人來驅鬼辦法事，並命令內侍們整夜持著火把守護宮殿，讓陽氣重一點。法事過後高演心理上的確有比較安穩，但在某次外出狩獵時，一隻狡兔突然竄出，嚇得高演的坐騎一躍而起，他從馬上重重摔落，造成重傷，也讓過往精神疾病再次復發，幻覺頻頻出現。他開始整天不吃不喝也不睡，一直跪在地上磕頭求饒。偶

爾精神狀態恢復時，便開始規劃自己死後該由誰繼位，本想立太子高百年為皇儲，但想到自己當年逼姪子退位並殺之，便擔心那位非仁義之人的弟弟高湛會不會也這麼做。最後為了保住妻兒，將高湛立為皇位繼承人。臨終前，高演給高湛一封紙手書，希望高湛善待嫂嫂與姪子，千萬不要像自己一樣。隨後病逝。

「禽獸發言人」之武成帝高湛

影劇中被描述成不爭皇位（實際上愛皇位愛得要命）、情定於小貞貞（現實卻是淫亂不堪）的高富帥高湛，是高歡第九子（父親就是高歡，不是高洋），為北齊第四位皇帝。在正史中，高湛唯一與影劇相符的就是他俊美亮麗、讓花樣美男都欽羨的外型。此外就沒了！

高湛8歲那一年，高歡和柔然王為了講和，將柔然公主配給高湛為妻。柔然王看到風度俊美的高湛，心中很滿意，訂婚現場所有人也都讚嘆不已。北齊建國後，高湛被封為長廣王。高演登基後對高湛更加信任，將朝中重權託付給高湛，最後連皇位都傳給他。但他在位期間不學六哥，卻跟著壞榜樣二哥一樣沉迷於酒色、荒淫度日，聽信佞臣的挑撥，終日不理朝政。北齊在他的手中每況愈下，即將步入say goodbye階段。傳位給太子高緯後不久，即因酒色過量、荒淫過度而死，死時不過32歲。

北齊初年國力始終較北周強盛，但北周自從柱國大將軍楊忠出現後，兩國勢力有了巨大的變化，北齊的優勢逐年消失，

而且步入只能防禦的階段。其實高湛具有相當的政治能力，曾經嘗試挽救局勢，下令推行北魏孝文帝的「均田制」。均田制的用意是在不改變土地所有制的前提下，讓耕田的農夫，每一人皆有田地可使用，也就是平均分配土地，同時要求使用者付費（類似土地稅）。這個舉措使當時的財政收入上升，國力也有稍微提升（少數有用行為）。

高湛終其一生沒有篡六哥的位，卻不代表他從無此打算。高演重病時，高湛就和多名叔姪密謀要趁機篡位，只是好死不死有個巫師占卜道：「不利舉事，靜則吉。」他才暫時罷手。不過沒多久，高演就病死了，臨終前因恐懼妻兒不保而讓位給高湛。也太幸運，高湛老弟這樣就賺到一個帝位而且免除篡位的罪名。繼位沒多久，他就把原太子高百年降為樂陵郡王。再來便效法漢高祖劉邦「報答」功臣的精神，將當初準備助他篡位的高歸彥發配濟州刺史，造成其不滿舉兵造反，高湛再以大軍將老王爺擒獲，用車載他上街，口中銜著木枝，蒙住他的臉，以刀殺死，連他子孫十五人也一併誅殺。

高湛當皇帝的某一天，出現「白虹貫日」的天文星象（古代認為如果有不平凡的事發生，就會產生這種天氣變化），高湛突然想起了高演的兒子高百年。當時指導高百年書法的無良心教師賈德冑，正好看到高百年懵懂無知地寫出「敕」字。由於「敕」字只有皇帝可以書寫，想要升官發財的賈德冑就拿著這個字去密告，高湛看了之後連做夢都會笑了，火速召高百年入宮。年僅14歲的百年已經知道自己凶多吉少，割玉玦與王妃斛律氏辭別。到了宮中，高湛讓高百年寫了幾個「敕」字，比

較之後果然和證物筆跡相同，命眾人圍毆，可憐的高百年倒地狂吐鮮血，高湛不但不手下留情，反而愈看愈過癮，下令抓住他的頭髮拖行，並且要衛士在後面持棒敲擊，行經之處遍地是血。高百年瀕死之際，苦苦哀求：「阿叔饒命，我願為奴。」高湛並不理會，親手舉刀從胸口刺入，百年身亡（名為百年，但才活十四年），被一腳踢入池中，整個池子瞬間染成紅水，彷彿一座大染缸。想當初兄長高演待他不薄，還特別交代他要善待嫂嫂和姪子，這小禽獸竟以如此殘暴手法殺害姪子來報答哥哥高演。斛律氏聽聞丈夫死後，哀慟不已，不肯進食，沒過多久便也死去，死前仍然緊握遺物玉玦。

　　在他手中死去的姪子還不只一人。大哥之子高孝瑜因為勸諫胡皇后不該與臣子和士開沉迷賭博，和士開不爽便對高湛進讒言，高湛聽聞怒火中燒，在酒宴上逼迫高孝瑜喝三十七杯酒，更命人在他返家途中，強灌毒酒，最終高孝瑜因難受不已投水身亡。高孝瑜三弟高孝琬聽聞大哥遭毒死，恨到製作草人來射箭，以宣洩不滿的情緒。和士開得知後便再進讒言「高孝琬把草人當成您來射」，高湛準備抓來問訊之時，偏偏又一失寵的小妾謊稱高孝琬畫了高湛的樣貌夜夜對著痛哭，好像是在詛咒高湛快點「駕鶴歸西」，但那幅畫只是孝琬對父親高澄的追憶。高湛一聽再度燃起心中那把火，命人綁高孝琬進宮，用鞭抽打高孝琬，高孝琬情急之下道：「阿叔，你不能用刑。」高湛更怒，大吼：「誰是你阿叔，你有什麼資格叫我阿叔。」言下之意是命令他該叫我高湛皇上才是。剛好高孝琬的性子也是十分剛硬，不但堅持不叫陛下，還怒言道：「我是神武皇帝

嫡孫，文襄皇帝嫡子，魏孝靜皇帝外甥，叫你一聲叔叔不行嗎？」可想而知其下場必定非常悲慘，高湛親自用棍棒擊碎其雙腿，高孝琬活生生地痛死。

驚！殺戮講完還有淫亂

　　高家荒淫程度一字排開後，高湛如果自稱第二，可能也沒有人敢說是第一！高湛即位後第一件事，就是直闖寡嫂李祖娥（高洋妻子）的昭信宮，李氏奮力抵抗，高湛見狀便威脅道：「你不從，我就立刻殺掉你兒子！」李氏只好任其污辱，因此有了身孕。某日，高紹德前來拜見母親李祖娥，李氏推辭不見，高紹德在門外怒喊：「妳以為我不知道妳是因為懷孕了才不敢見我嗎？」李氏後來受不了刺激，待產出女嬰後，便親手將她殺死。高湛聞訊飛奔而至，看到自己女兒變成一具冰冷冷的屍體，悲憤至極地對著李氏怒吼：「妳殺我女兒，我就殺妳兒子！」派人把高紹德抓進宮，並在李氏的面前痛毆，高紹德邊哭邊求饒，高湛更怒，就這樣活生生打死高紹德。李氏痛哭失聲，高湛怒火未消，扒光李氏衣物，一陣拳打腳踢，李氏痛到在地上翻來覆去，最終被裝入絹囊，扔到宮渠，大難不死，後來被送到妙勝寺剃髮為尼姑。

　　高湛的妃子眾多，除了胡皇后和李氏（被逼的）外，還有因美貌而被高湛召入宮中的李夫人（東魏孝靜帝宮人）、因父親彭樂犯法而被收入後宮的彭夫人、因外貌而被納入宮中的宮女馬嬪（據說是高湛最寵愛的妃子，但遭到胡皇后妒忌而被逼自縊身亡）、哥哥高洋的妃嬪王嬪、盧嬪等，均被納入宮中。

以上幾位是較為出名的，受其淫邪的受害者絕對不只這些。此外，據說高湛是個「雙性戀」，相當寵愛高孝瑜（別懷疑，他曾經受寵過）及和士開兩位男性，高孝瑜不僅是高湛的姪子，還是他的初戀呢！而和士開不僅和高湛有著親密關係，更和胡皇后私通，真是受盡皇帝夫婦的寵愛。

其妻胡皇后的淫亂也是遠近馳名，正當高湛姦淫寡嫂李氏的同時，胡皇后也找來高湛親信和士開，與他共赴雲雨。高湛知道後也沒有因此發怒，甚至想把他倆湊成堆。高湛去世之後，胡太后便公開與和士開的關係，朝中大臣要求皇上高緯應該剷除和士開，但高緯昏庸無能，又擔心胡太后降罪，也不敢多說什麼。和士開權力愈來愈大，還被封為淮陽王，轉眼間成為北齊的大紅人。

高湛的荒淫無度、不理朝政，讓北齊動盪不安，陷入愁雲慘霧之中。北齊上下怨聲載道，朝中內外恨不得對和士開、祖珽等佞臣食其肉、飲其血。不過祖珽的腦袋比較靈敏，知道自己可以囂張跋扈，全仗勢著高湛在位，如果他死掉，自己一定會不得好死，於是找和士開討論說：「古今中外，有哪個皇帝會這樣寵愛大臣？但是你可曾想過，一旦陛下逝世，我們的地位不但不保，性命還可能就此結束。」和士開聽畢相當緊張，祖珽又說：「趁現在勸勸陛下，即早立太子為帝，這樣太子的皇位就固若金湯，萬事皆通，高緯當個小皇帝，父子都會對我們心存感激，我們的好日子就可以一直維持下去。」當時正逢高百年被殺死之際，高湛深怕高殷慘劇會發生在高緯身上（你也會怕喔！），同意禪位。高湛如此信任和士開，臨終前還都

緊握和士開的手說：「不要辜負我對你的期望，好好照顧高緯。」話畢駕崩，終年32歲。

看完了多位皇族的經典事蹟後，各位是否已經改觀，別再相信皇室可以兄友弟恭這種不實報導，現實總是殘酷的。總結下來，如果北齊皇室合著《親戚殺很大》、《我要教你如何掌握嫂子、妃子、宮女》、《第一次殺姪子就上手》、《淫亂72招》、《命中注定我殺你——我殺你應該，不殺你悲哀》、《淫亂皇帝俏宮女》、《精神病院管理術》等書，相信在當年一定可以銷售一空，北齊皇室成員執筆，人人皆是暢銷作家！

婁昭君絕對沒有兒子那麼壞

影劇中被塑造成心機深不可測，為了權力不斷逼迫自己兒子和其他親人，搞得親生兒子兩邊不是人，整天「賤人」一詞掛嘴邊，別人沒有要爭皇位，卻又不斷迫害對方，最後甚至聯外造反，害死自己兒子的瘋婆子婁昭君，真的有這麼恐怖嗎？事實上，婁昭君可是對東魏、北齊都相當有貢獻的一位女性，沒有她，就不會有「齊神武帝高歡」；沒有高歡，就不會有北齊（不知道是福還是禍），由此可見她的重要性。影劇中的形象，絕對無法與正史中的她劃上等號啊！

女追男隔層紗，甘願為愛走天涯

婁昭君出身北魏的鮮卑貴族，從小便相當聰明且外型亮麗，是個有主見又具理想的女子，不知道有多少豪門貴族重金禮聘想娶她為妻，但婁昭君對那些豪門貴族完全看不上眼。她小時候因祖父和父親鎮守要塞，一直住在北魏邊防處。某天剛好看到在城牆上服勞役的高歡，覺得他相貌堂堂，貌似忠厚且頗有氣度，驚喜地脫口而出：「這才是我的如意郎君啊！」

高歡因先人被流放的關係，自小生長在邊疆。高歡雖然自稱是漢人，但他本身的鮮卑氣息非常重，故有學者認為他根本就是鮮卑人。童年時期的高歡被寄養於姊夫尉景家，過著苦日子，由於沒有身分地位，長大後只能當個小小侍衛，而且時時受到上頭的打罵污辱。這樣卑微的高歡卻仍被婁昭君慧眼相

中，透視出他的潛力，相信他將來一定是個英雄人物，能有一番作為。愛意萌生後，婁昭君不時派遣小婢偷偷贈送高歡金銀財寶，讓高歡有經濟基礎，才能夠把自己娶走（偷給的財寶多到能作為聘金，可知婁家財力雄厚），父母在不得已的情形下只得答應這門親事，高、婁二人修成正果。

她替自己選夫君這檔事，在當年堪稱一絕。現代女性幫自己找如意郎君已屬常態，有時還能「多試幾個」以確定沒有看走眼。北朝的女性地位在古代已算相當高，但在婚姻上要自己作主，仍非易事，加上婁昭君是名門閨秀，美貌絕倫，一個不小心就會被其他富家甚至皇上強搶入宮，這種自選夫君的創舉還真不知道從哪裡學來的（影劇中小貞貞提倡一夫一妻制可是更了不得），只能說昭君的父母對這寶貝女兒相當尊重、異常寵愛。

後來高歡的事業逐漸有所起步，從小小的衛兵變成函使，負責護送公文。但因身分低微，經常遭受到尖酸刻薄的羞辱。據說高歡到洛陽送文書時，令史麻祥對待他這個北方來的「北人」相當不屑，刻意夾了塊肉給高歡，本來以為高歡會像狗一樣站著吃完，沒想到高歡接下肉後，找了個位置坐下，才把肉吃盡。麻祥認為高歡沒把自己看在眼裡，勃然大怒，便賞了他四十大板。高歡也曾經挨了杖刑，背上的皮膚無一處完好。每當高歡帶傷回家，婁昭君總是情深意重地徹夜照顧他。婁昭君為了愛，一路無悔追隨夫君，真的是「一日夫妻百日恩」、「嫁雞隨雞，嫁狗隨狗」的代表人物。

為了幫高歡結交各路英傑，婁昭君拿出所有私房錢，讓他

結交侯景、司馬子如、劉貴、賈顯忠、孫騰等往後助高歡奪得政權的人物。而婁昭君也時時密謀獻策，成為高歡的超級幕僚之一。六鎮起義後，高歡前後參加了不少起義隊伍，直到自己的黨羽漸漸壯大，便自成一家。隨後消滅爾朱氏，逼退北魏孝武帝，大舉侵入洛陽，遷都鄴城，把東魏掌握在自己手中……這一路的歷程，婁昭君始終陪著他顛沛流離，無論是獻計或是持家，樣樣表現得可圈可點，對高歡的幫助甚大。

當初高歡在逃離葛榮部時，婁昭君在他身邊燒馬的糞便來取暖，自己做靴子穿，生活艱辛困苦。而在逃離杜洛周部時，被騎兵一路追趕，婁昭君只能一手抱兒子高澄，另一手托住女兒，但因牛背光滑，高澄一直從牛背上滑落，高歡為了不讓高澄拖累大家，想用箭射死他。婁昭君見狀，大聲呼叫段榮前來救助，這才保住兒子的性命。儘管倉惶落魄，卻仍可看出婁昭君的處變不驚、臨危不亂。

比男人還懂大局，有此妻夫復何求

婁昭君是個勤儉持家、謙卑溫柔的賢淑女子，喜歡自己親手做紡織，將所有小妾生的孩子視為己出，絕不偏袒。高歡能夠用人惟才，也和她有著絕對的關係。婁昭君雖然常向高歡進言，但絕不會替自己的親屬邀功，處事能以大局為重，而這一點，更能由其後的「讓妻位」之舉見之。

高歡職掌東魏政權時，局勢相當不穩定，西方有西魏蠢蠢欲動；南方與梁國互鬥；北方柔然更趁機作亂。西魏宇文泰為了併吞東魏，很聰明地先和柔然聯姻。高歡當然不可示弱，為

了與柔然建立友邦關係，他將東魏長公主嫁給柔然王阿那瓌，並為自己的孩子向柔然可汗求親。不過阿那瓌清楚東魏討好的計策，並不接受高歡的世子當女婿，要求高歡必須自己迎娶柔然公主為「正妻」。

此時，高歡回憶起自己不離不棄的妻子，心中上演一齣巨大的掙扎戲劇：「若沒有昭君，現在也不會有如此成就，要將昭君降為別室，如何能夠做到？昭君在國內也是有頭有臉、常常露面的人物，如果說降就降，整個國家的人會怎麼看待昭君？倘若不答應這要求，屆時西魏加上柔然的攻擊，我東魏必定無法抗衡。」正當高歡猶豫不決時，妻昭君為了國家利益，直接告訴高歡：「國家大計，不要遲疑不決。」讓高歡將蠕蠕公主迎娶回來，並且自動讓出正室的位置，使高歡得以合婚（登徒子高歡其實也很心歡），這種行為更讓我們看見妻昭君為國家的無私之心。

蠕蠕公主至東魏報到後，地位相當崇高。高歡為了討好阿那瓌，不敢讓其女受到一點委屈，這也使得高歡難以再寵幸昭君。蠕蠕公主由阿那瓌的弟弟禿突佳護送到東魏，到了之後，禿突佳便說：「等看到我老哥的外孫，我才回國。」性格嚴肅剛毅的公主，一輩子都不肯說華語，高歡連跟她溝通都很困難。高歡曾經因為生病，沒有前往公主的居所，禿突佳覺得高歡作為公主的老公這樣太失職，大大發怒，高歡只好坐著車趕緊去找公主。由此看出蠕蠕公主相當受到保護，連老公的行蹤都有人幫他監視。對此，妻昭君卻從來沒有任何怨言，大家和平相處、相安無事。就因為她的委曲求全，如此深明大義，讓

東魏與柔然在未來的十多年，都沒有發生衝突，使高歡能傾全力與西魏拼戰。

　　婁昭君更不因身分高貴就奢侈揮霍，她為人簡約，進出所帶的侍從不超過十人，個性溫良敦厚，沒有妒忌之心。某次高歡領兵征討西魏，婁昭君正處分娩難產階段，宮人要報信給高歡，她卻立刻制止，並說：「王出兵作戰，怎麼可以為了我擅自離開？無論生死都是命，他來了也無法做什麼。」雖然說無法做什麼也是事實無誤，但高歡日後得知，感動不已。

慧眼識惡人，北齊避災禍

　　婁昭君的眼光獨到，從她看上高歡就可以知道。而她的才能謀略和識人眼光更為當時的東魏以及北齊開創了新的局面。在政治上，她輔佐諸帝，嚴以律己，有重大事件發生時，她總是多謀善斷，即使放在整個中國歷史來看，她都算是少數具有影響力的女政治家。

　　高歡在沙苑之役中慘敗給宇文泰，部下侯景請求再出兵兩萬繼續作戰，並充滿自信地表示，自己一定可以將宇文泰一舉擊破。高歡聽聞後十分開心，認為有猛將願意再出征是件好事，但婁昭君卻相當沉穩且冷靜地告訴他：「侯景得到精兵，不管贏或輸，將不會再服從於你，也不會再聽令於你。」高歡一聽，就此作罷，後來證明婁昭君的判斷相當正確。

　　侯景是高歡的密友，生性狡猾多端，性格殘忍暴烈，不過治軍卻相當嚴謹，總能馳騁戰場，發揮極高的戰鬥力。侯景一開始和高歡一起投入義軍，過程中又獨自加盟別的陣營，

但最後又回到高歡的部隊（本時代流行牆頭草兩邊倒），成為高歡掌握東魏政權一大功臣，地位勢力僅次於高歡。侯景這人一向瞧不起高歡的長子高澄，認為他只是含著金湯匙出生的小屁孩。他曾對自己的兒子說：「高歡還在的時候，我不敢有異心；他死了，我絕對不和高澄這鮮卑小子共事。」高歡重病將死之際，高澄想要除掉侯景這心腹大患，便偽造阿爹的文書召侯景回朝，殊不知侯景之前就已經和高歡約定好，在外面帶兵，慎防有人傳送假消息，故請高歡每次在賜書中都要加個小點作為暗號，此事高澄並不知道。而這次的詔書內，並無此小點，侯景知道肯定有詐（想騙我，我精得跟猴一樣），打死都不回去，又聽說高歡生重病，決定自己擁兵自重。後來侯景準備投降西魏，但宇文泰不接納，他又投降於梁國，最後在南梁起兵造反，逼死梁武帝，自立為帝，在江南等地恣意妄為，搞得當地生靈塗炭。若不是當初婁昭君慧眼識人加以勸誡，遭殃的可能就是高歡和他的國家了。（其實最受苦的還是百姓）

早就叫你不要篡位

　　高歡死後，長子高澄繼承東魏大權，待高澄被刺殺後，高洋執政。這個高洋老早就有取代東魏的野心，一繼承家業，便開始策劃禪位之計。當時高洋告訴婁昭君他想要取代東魏，昭君分析其中的利害關係，告誡他此舉不可行（不像影劇中只想著要皇位），且當時朝中大臣普遍持反對意見，經過這麼多人勸阻，高洋只好暫時先作罷。西魏的宇文泰確實是個強幹之才，東魏的國力雖稍稍強過西魏，但先前的會戰中，西魏總是

較占優勢，也因為如此，高歡和高澄才一直不敢自立為帝。

　　西魏皇帝是北魏孝文帝的孫子，在當朝的觀念裡，他才是正統皇帝，假設高洋將東魏皇帝取而代之，那麼就給了西魏藉口，得以號召天下討伐高洋，東魏將陷入空前大危機。此外，侯景這反骨的浪子，在當時已經逼死了梁武帝，自立為王，柔然更有可能隨便弄個藉口南下攻擊。在這三者的夾攻下，高洋勢必無法抵抗，步上滅亡的後塵。婁昭君勸他的話語中，句句切中要害。不過日後高洋仍然不聽話地搶奪王位，建立北齊。果然，北齊一立國，西魏宇文泰果真號召天下討伐。要不是高洋運氣太好，因為連日陰雨讓宇文泰暫且作罷，後來轉而進犯侯景，北齊不就一建國馬上就要連年開戰了？

　　高洋在位初期，表現尚可，婁昭君被尊為皇太后，但後來高洋迷於酒色之中，荒淫暴虐之態盡出，婁昭君看在眼裡，心急如焚，幾經苦勸，甚至以棍子打屁股，高洋始終執迷不悟，最終因荒淫過度而亡。高殷即位後，婁昭君成為太皇太后。由於高殷的媽媽李氏是漢族趙郡的女兒，李家勢力開始壯大。婁昭君感受到漢族不斷進逼，已經威脅到鮮卑族的地位，北齊更因為胡漢兩族大火拼，國力驟降。當時尚書令楊愔奉遺詔輔助高殷，代表漢族的利益將日益擴大。婁昭君為了維護鮮卑利益，協助六子高演除掉楊愔等人登上帝位，但心中仍然是愛著被廢掉的高殷這名金孫，要高演保證不會傷害高殷（結果高演還是殺了）。

　　唉！當年囑咐兒子不要篡別人家的位，如今卻主動幫兒子篡自己孫子的位，雖然說這些舉動背後都是為了高家的存亡，

難免還是壞了她一生營造出的正面公眾人物形象。爾後的婁昭君每況愈下，活在自己兒子亂七八糟生活的邊緣，過著痛苦的日子。

子嗣無能母之過？非也非也

因為高歡始終沒有自立為帝，所以婁昭君從來沒有當過皇后，但自從兒子高洋篡位，她就一直是個地位崇高的太后。婁昭君替高歡生了六子二女，一個兒子追封為帝，兩個兒子封王，三個兒子登基稱帝，兩個女兒都有皇后身分，兒女能有這番成就，可說是前無古人後無來者！如果遇見婆婆媽媽比較孩子成就的場合，她絕對能夠以「三個皇帝的媽」完勝。

傳說婁昭君懷八個孩子時，都做了不同的夢，懷高澄時夢到一條斷龍；懷高演時夢到一條龍在地上爬行；懷高湛時夢到龍在海中浴水；懷永熙皇后與太原長公主時夢到有月亮進入懷中；懷高清與高濟時，夢到有兩隻老鼠跑到衣服下面。可以說都預見了這些孩子日後的天命。

然而，婁昭君的皇帝兒子們，為惡的「豐功偉業」是一個比一個厲害，「罄竹難書」套用在這一家族可說是十分妥當，但這一切，要歸咎於婁昭君教子無方嗎？想來更可能是高歡的基因和教養出了問題。婁昭君雖然對孩子們相當關愛，卻是獎罰並行，絕不寬待。但高歡其身不正，導致有其父必有其子，兒子各個都想效法老爸的風流，使得北齊有「禽獸王朝」之稱。看在婁昭君眼裡，定是相當不好受，早知道自己的兒子們會如此作惡多端，可能不生更好。

　　高演取代高殷後不久，婁昭君質問她的金孫高殷在哪裡，高演遲遲無法回答。婁昭君知道大事不妙，大發雷霆地怒喊：「你是不是把他給殺了？我的天啊！我怎麼會生出你們這幾個畜生！」一直到高演墜馬後病逝，婁昭君都沒有掉過一滴眼淚。有看清楚嗎？她是說「你們」這幾個畜生，也就是說，她對這些孩子真的是失望透頂。據說她常常會想起父親婁內干語重心長地勸她另擇夫婿的事（所以這眼光究竟是好還是不好呢？），想必她曾經想過，如果當初聽父親的話，是不是就不會生下這些逆子？

　　晚年，婁太后發病，聽信巫媼之言，改姓為石，但不見成效，病情始終未見好轉，最後於公元562年病逝，諡號神武明皇后，和高歡合葬在義平陵。雖然說婁昭君的丈夫和兒子做盡了喪盡天良的壞事，但平心而論，婁昭君奉獻一生給國家與家庭，仍是不爭的事實。只是沒想到幾千年後，會在現代影劇中被扣上禍國亂政的大帽，其實比起她兒子，婁昭君真是一點都不壞啊！

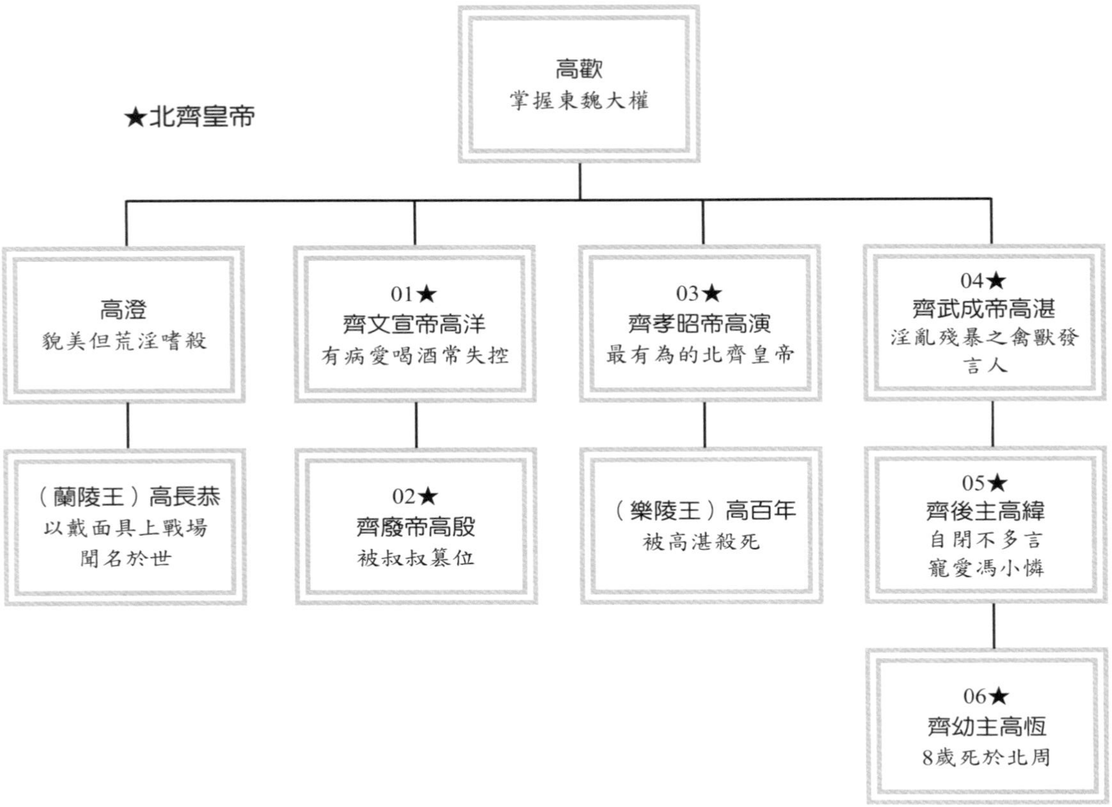

★北齊皇帝

```
              高歡
          掌握東魏大權
              │
   ┌──────┬──────┬──────┬──────┐
   │      │      │      │      │
  高澄   01★    03★    04★
貌美但荒淫  齊文宣帝高洋  齊孝昭帝高演  齊武成帝高湛
嗜殺    有病愛喝酒常失控 最有為的北齊皇帝 淫亂殘暴之禽獸發言人
   │      │      │      │
  （蘭陵王）  02★    （樂陵王）高百年  05★
  高長恭  齊廢帝高殷  被高湛殺死  齊後主高緯
以戰面具上戰場 被叔叔篡位       自閉不多言
聞名於世              寵愛馮小憐
                      │
                     06★
                   齊幼主高恒
                  8歲死於北周
```

【附圖2】北齊皇帝世系

150

第三部

歷代假面將軍
大集合！

面具恆久遠，蚩尤一戴傳世間

　　說到蘭陵王高長恭最為人所津津樂道的，除了他與天女楊雪舞之間那段纏綿悱惻、唯美動人的愛情故事之外，就是那超牛裝備——青面獠牙鬼形假面。事實上，面具不是蘭陵王的專屬商標。在中國的歷史當中，高長恭並非在作戰中給自己配上這副牛裝扮之第一人。面具在中國的歷史當中使用已久，從遠古的傳說時期就有人在用，而且十分愛用。這人就是曾與華夏民族的共主黃帝數度激戰的狂人——蚩尤。

戴面具的原因絕非貌美

　　大約五千年前，生活在湘西沅陵崇山峻嶺中的古代先民，擁戴著他們的部族領導人——蚩尤。由於當地礦產豐富，而且很多還是裸露在外，容易開採。於是這一支部落成為當時古中國境內最先掌握冶煉技術的人，比起其他族群更早跨入青銅器時代（這當然是傳說，考古上最早出現鑄銅，是在夏朝建立以前）。

　　蚩尤指揮族人冶煉出銅劍、銅面具等武器和配備，並投入與黃帝爭奪中原的戰爭。蚩尤自古被稱為兵神，不是他用兵如神，而是在武器裝備方面大贏黃帝。所以在戰鬥之初，黃帝只能處於守勢。加上蚩尤及其部族英勇善戰，具有很強的實力，所以黃帝初期陷入數戰不勝的泥淖。後來因為黃帝用兵較蚩尤技勝一籌，採用誘敵深入的戰術，把蚩尤引到夏族與夷族交

界之處的涿鹿（今河北省西北部），讓蚩尤因為遠征的舟車勞頓，終成疲憊之旅，而後大舉反擊，終於大敗蚩尤。

蚩尤在作戰中配戴面具的原因，想必絕非跟蘭陵王一樣是因為貌美。雖然那個時候尚未有文字，沒有當代所著的歷史資料，但後世根據傳言所寫成的史料，蚩尤從來都不是一個美男子的形象。傳說蚩尤有兄弟81人（絕非一母所生，應該是族內兄弟），大家都身如野獸但很會講人話，遠遠看去脖子以上都是銅鐵製成，還會吃砂子石頭。劉宋的科學家祖沖之則稱蚩尤雖有人的身體，卻擁有牛的蹄，有四隻眼睛六隻手，鬍鬚像劍戟一樣尖銳，頭上則長角。

其實就算是野獸也不會把砂石當作美食，因此「獸身食砂」這部分想必是被黃帝後人所醜化，但銅鐵假面則可能意指蚩尤戴著「銅製面具」。而祖沖之形容的堅硬鬍鬚、頭上長角，亦可能是面具呈現的「野獸」效果。就這樣，蚩尤成了中國史上戴面具作戰的始祖，當然前提是你要承認他是個人，不是野獸。

開啟面具之流的先河

話說蚩尤戰敗後，殘餘的軍隊與部族，不是投降於華夏族，就是遠遠地逃遁至窮鄉僻壤。投降的那群，漸漸與華夏族融合。那逃走的呢？則逃過長江，躲回湘西山林，而後繁衍為苗族。這也是為什麼中國歷代位處西南邊疆的苗族，都十分桀傲不遜，甚至這塊區域被稱為「羈縻蠻地」，白話一點就是說這裡住的都是野蠻人，得用繩索牽引、牢牢繫住才能將他們拉

回文明世界。

　　在惡劣環境下生存下去的蚩尤後人雖遠離了戰爭，仍不丟棄祖先曾使用的造型猙獰的面具。他們戴著它，一來是對始祖蚩尤的緬懷，二則可以用面具嚇阻山中的野獸。後來其他民族也將這招學了起來，以致於各大戰場屢屢見到面具的蹤跡。

面具本該這麼用之東晉朱伺

　　古代史籍明確記載第一個在戰爭中使用面具的人，是東晉的智多星朱伺。朱伺何許人也？他這個人生性「閉俗」，不愛出風頭，若非精通魏晉歷史，很難在茫茫的中國史中，找尋出他的蹤跡。但他的老闆可是「上港有名聲，下港有出名」的東晉大將陶侃，朱伺少年時期是他的門臣。陶侃當時鎮守江夏（今湖北雲夢），由於朱伺精通戰艦的打造，對於水戰瞭若指掌，於是陶侃便派朱伺監製大型船隻。

　　朱伺勇武有膽識，但沒讀過什麼書，大字不識幾個，同時也不擅長言談。每當到了官蓋雲集的場合，他都只是上前打個招呼，當天的害羞指數若稍稍下降，就報一下自己的名字，其他多餘的話從不出口。不像其他文武百官，趨炎附勢、逢迎拍馬樣樣來，這樣子謙遜的態度一直到他當上了將軍都還保持著。

　　由於朱伺的驍勇善戰大家有目共睹，遂得到重用。西晉末年，後趙開國君主石勒攻破江夏，朱伺與楊璋退守至夏口，此時陶侃命令朱伺討伐蜀地流民的首領杜弢。在這一次的戰爭當中，朱伺展現出他的戰鬥力，光用強弩就射死敵軍主將多人。好巧不巧，夏口地貌多湖多澤，免不了要來一場水戰，這正是朱先生他老兄的專長。正當敵軍將船隻拖上岸，用船在水邊擺出行軍陣列，朱伺沿著江邊與其他各路官軍聯手夾擊敵軍，敵軍紛紛棄船投水逃命，淹死大半，朱伺因此受封為威遠將軍。

IQ、EQ均過於常人

　　朱伺屢戰屢勝的主要原因之一，就是他實事求是的態度。曾有一次，江夏太守楊瑤聚集眾軍官們商議拒敵之計，大家你一言我一語，吵得不可開交，唯獨朱伺兀自鎮定安靜地坐著。楊瑤注意到這情景，心想老朱平日雖不多言，緊要關頭豈可一言不發，是哪兒不對勁？便問：「朱將軍為何不發言？」朱伺便回答：「諸位用口舌攻擊賊寇，我朱伺只憑武力勝敵罷了。」楊瑤覺得此言有深意，又問：「朱將軍多次擊賊，為什麼能常常取勝？」朱伺回答道：「敵我對峙時，必須忍耐沉住氣。敵人往往沉不住氣，而我能沉住氣，因此容易取勝。」

　　除了沉得住氣，朱伺也是個有勇有謀之人。江洋大盜陳聲率一幫無賴數千人，專幹攔截長江行船、搶奪財物的勾當，陶侃派朱伺為督護討伐陳聲。陳聲人馬雖少，朱伺卻不急於攻打，以拖待變。日子久了，陳聲也受不了（你一直鎮在那裡不開打，我是要怎麼做搶劫生意，弟兄們還要生活咧），最後只好請求朱伺讓他投降，朱伺表面上答應了陳聲。等陳聲一離開，朱伺便派精壯的士兵半路上截殺了陳聲之弟，然後暗中派兵襲擊陳聲。陳聲率部向東逃去，固守董城。朱伺又率各路軍馬包圍董城，在城四周立起層層籬柵，又用樹木架築高高的望樓，從樓上用強弓居高直下，射殺守城兵士。又阻斷城中水道，敵軍將士撐沒幾天就不行了。後來陳聲的妻弟，只好割下陳聲的頭出城投降。朱伺又以此功，被封為廣威將軍，兼任竟陵內史。

面具的重點本是護臉

　　雖然朱伺的足智與勇猛跟蘭陵王高長恭相比，可能有過之而無不及，但若外貌卻著實比不上他的俊美，所以，朱伺從不曾有「敵人看到我不會害怕」這種無聊擔憂。但他在夏口一戰曾經「用鐵面自衛」。可以得知朱伺戴著鐵面具上戰場，而用意是為了防衛顏面（怕被毀容啦！）。雖說當時朱伺所帶的面具是什麼模樣已不得而知，但後世的軍事評論家認為，當時他這樣的舉動，確實也達到了震懾敵軍的功效，可說是「無心插柳」，提供了日後蘭陵王解決外貌俊美這個「頭痛問題」一大靈感來源。

西燕「萌」主慕容沖，美貌還須面具遮

　　要說蘭陵王高長恭貌美，這一點是無須懷疑的。事實上，在五胡與中華大融合的時代，各民族雜處，異國通婚，本就容易生出漂亮的混血寶寶，也因此中國古代十大美男子有半數以上都來自於那個年代。蘭陵王如此，著名的潘安亦然，更有那自幼便風神秀異的衛玠，上述二人因貌美而得「潘安再世」（美男子轉世）、「看殺衛玠」（相貌出眾而被處處圍觀，最終因心理壓力大而病死）這兩個盛傳於後代的成語。接下來要談到的，也是一個因美貌而需要戴面具上戰場的王者——西燕威帝慕容沖（359～386）。

　　慕容沖是鮮卑族人，父親是前燕帝王慕容儁。在金庸武俠裡與丐幫幫主喬峰齊名「北喬峰，南慕容」的慕容復便是這一支的後裔。在小說《天龍八部》裡，慕容氏一族武功高強，威名遠播，形貌俊美、英俊瀟灑、風度翩翩。而根據史學家所言，具有部分高加索人血統的鮮卑族本就皮膚白皙透嫩，還因而被敵人稱為「白奴」，慕容家族就更不在話下了。慕容沖小字叫鳳凰，想來這個小名也和他秀麗的外表有關。但這樣的美貌曾為他帶來禍端，在幼年的慕容沖心中，留下了不可抹滅的陰影。

少年慕容的煩惱

　　公元370年，前燕為前秦的苻堅所滅，包括慕容沖及其兄

158

慕容泓在內的眾多鮮卑慕容族人被作為戰利品送入前秦首都關中。慕容沖年僅12歲，就因貌美被苻堅欽點作為御用孌童，與時年14歲的姊姊清河公主皆受「寵幸」，從這點來看的後見之明，苻堅是個典型的雙性戀無誤。

　　但世上沒有不透風的牆，後來苻堅同時寵幸未成年姐弟們的消息，漸漸一傳十，十傳百，越過高高的宮牆，成了當時人茶餘飯後嗑瓜子、聊是非的一大話題。這件醜聞在當時的首都長安傳了開來，因而城內便有了這麼一曲歌謠：「一雌復一雄，雙飛入紫宮。」苻堅的摯友兼大臣王猛看不下去，不忍心君王辛苦營造的「仁君」形象毀於一旦，苦口婆心的勸諫下，慕容沖終於在15歲那年得以被送出宮，外放去當了個平陽太守。雖然遠離了權力核心所在，但也逃離了三年來夜夜恐懼的陰影。

有仇必報，十倍奉還

　　在宮中三年種種不堪回首的往事，讓幼小的慕容沖心中種下了仇恨的種子。但經歷國破家亡的他，深深了解「君子報仇，十年不晚」之道，暗自沉潛、韜光養晦。終於在11年後，給他等到了「十倍奉還」的時機。公元384年，苻堅在著名的「淝水之戰」中慘敗，導致北方大亂，各民族紛紛叛變獨立。已經26歲的慕容沖在「十年生聚、十年教訓」的修養與壯大之下，整合了自己與兄長慕容泓的部隊，從阿房城一舉奔向長安。歷史學家敘述，慕容沖作戰，不著鎧甲，僅穿白衣錦袍，載著面具，遠觀有如天神下凡一般。而慕容沖佩戴面具上戰場

的原因，據說是怕身邊戰友看到他的美貌無法專心作戰（不是擔心無法威嚇敵人）。在這次戰爭中，慕容沖終於能將幼時的怨念一掃而盡，他將苻堅圍困在長安城內一個多月，直到最後彈盡糧絕。被慕容沖軍隊所迫、逃出長安的苻堅，最後死在姚萇手中。

「鐵面」、「甲冑」專屬北方

　　從上面幾位人物的史實來看，已經能夠確定戴面具上戰場，絕對不是四爺獨創的點子，從下面對戰鬥配備的介紹，更能夠讓各位看官了解到，在魏晉南北朝時代，北方人戴面具上沙場，根本就是一項流行。咱們四爺不過是愛追趕流行的腳步，並非是什麼特異獨行的舉動，在當時更絲毫無法成為代表他個人品牌的打扮。

鐵面為作戰殺敵必備良方

　　時間稍微往前挪移，至四爺高長恭的爺爺——高歡的年代。公元546年，那時高歡是東魏丞相，他為了奪取戰略要地、進而打開向西前進的道路，率領30萬重兵對西魏發動了「玉璧之戰」。跟他對上的是著名的西魏戰將韋孝寬。韋孝寬領20萬士卒堅守城池，高歡則令士卒築丘射箭攻城。為了不被飛箭射中臉，韋孝寬令麾下兵士全部戴上鐵製面具，因而出現「城中皆鐵面」的驚人景象。這些鐵面具為了保護頭部，只露出雙眼，因此高歡的弓箭手必須神準往敵人眼睛發射，才能擊倒對方。想必高歡軍中沒有幾個像古代后羿、紀昌這種層級的神射手，因此苦戰了將近六十天，東魏軍不僅屢攻不下，己方還傷亡慘重，士卒死者達數萬，奪取玉璧城的計畫就這樣失敗了。鐵面具的效力真是威武強大！

　　當時的鐵面，還有另一個名字，叫做「冑」。高歡軍中

有一個非常會打仗的將領彭樂，這個彭樂雖然擅長用兵，卻是個十足的牆頭草。他本來是跟著韓樓打仗，後來改投爾朱榮麾下，接著又叛逃去依附高歡，且時不時又露出可能向西魏宇文泰靠攏的意願。高歡的長子高澄，受不了這枝隨風搖擺的狂草，率領一支軍隊跟彭樂打了起來。結果彭樂輸了，乖乖下馬投降，並脫掉了「冑」、露出臉來向高澄求情（但最後還是被殺了）。

這裡的「冑」亦即上述的「鐵面」，總之皆是古代戰士為護頭、護面所佩戴的鐵製頭盔。其實根據史書上所記載，蘭陵王高長恭臉上戴的，也是「冑」，原本用意應該是「防護」，至於為什麼演變成「遮美」的第二功用？恐怕有一段後人杜撰的過程。

南方可不流行這套

鏡頭移至東魏侯景與南梁太子兩軍對峙的畫面。當時侯景大軍將至，梁太子命令庾信準備將浮橋弄斷，來挫挫侯景軍隊的銳氣。過一會兒，侯景的部隊來到，水陸軍齊攻。庾信馬上率領士卒弄斷浮橋，攻擊敵軍。但南梁的軍隊剛奮力除掉一艘敵船，抬頭看見侯景士卒清一色的鐵面（侯景士卒皆戴鐵面具），嚇得撤退躲進城門裡。由此可知，南梁的將領與部隊未曾在戰場中見到一堆「鐵面」，才會乍看之下就害怕到了心底。可見戴面具上沙場這種搞法，在南方是挺罕見的！

從上述史實我們可以輕易的看出，不論是「冑」還是「鐵面」，其實功能差不多，都是作戰時用來防衛的護具。而這種

護具在魏晉時期的北朝，確實得到軍隊的青睞，不僅將軍戴，一般的士卒也戴。但同時期的南朝史，對這種護具卻絲毫沒有著墨，甚至南梁的軍隊看見侯景的鐵面軍，好像看到「鬼娃恰奇」一樣，還嚇到落荒而逃，可見鐵面具這玩意兒是北方人的把戲啊！

黥面還是帥，狄青只好面具時時戴

　　宋朝的大將軍狄青也是假面愛用一族。後世傳言他是唐朝宰相狄仁杰之後，這點現在已不可考。但在那個年代，他出身貧寒，從軍歷程也相當地荒唐。16歲那年，他的親哥哥與鄉里內的人逞凶鬥狠，卻沒種出來接受王法的制裁，那時狄青代兄受過，被「逮罪入京，竄名赤籍」，於是開始了他的軍旅生涯。

　　糊裡糊塗進入軍伍已經夠可憐了，不料在宋仁宗寶元元年（公元1038年），黨項族首領李元昊在西北稱帝，建立西夏。大宋朝為了防戍邊疆，從京師抓了許多衛士防衛邊疆，很不幸的，狄青雀屏中選。這對當時的男性同胞而言，可能意味著生離死別，哀怨程度可不只是志願役抽到金馬獎可以比擬。他被發配到陝西，糊裡糊塗當了「指揮使」這麼一個低階軍官。在當時西夏兵的勇猛是眾人皆知之事，宋軍士氣低靡。不過狄青卻並不畏懼，屢屢自動請纓作為先鋒。在他守邊的四年內，大小25場戰役，場場勇不可當，先後攻克金湯城、宥州等地，燒毀西夏糧草數萬。在往後的宋夏戰爭中，也立下了累累戰功，官階一層一層爬升，最後當到了樞密院樞密使，相當於文官宰相。

貌美譬長恭

　　狄青最為人所津津樂道的，還是他那迷倒萬眾師奶的皮

囊。雖然他的臉上有刺青，這刺青倒不是因為年少輕狂的印記，而是因為宋朝有個不太人道的制度。當時的部隊為了防止兵士開溜，都會在兵士的臉上刺上字。這在狄青當了大將軍之後，臉上依然留著黑色的字跡。但這似乎絲毫不減其風采，還是讓許多女孩子芳心暗許。

由於他的外貌著實跟蘭陵王有得拚，因此也跟四爺有著相同的困擾，怕敵人看到狄青長得太過秀美，嘲笑宋軍無人，派了個奶油小生來打仗。於是每逢上陣，他都會先換了一身打扮。他把頭上綁的髮髻打散，披頭散髮，臉上戴著一個銅面具，只露出兩隻炯炯有神的眼睛，手拿著一支長槍，便帶頭衝鋒陷陣，奮勇殺敵。

虎父無犬子

可能是優秀的血統與基因之故，狄青的二兒子狄詠也天生一副俊美樣，據當時的傳言，整個開封城下起十八的姑娘家、上至八十的老阿嬤，無不對這個「天下第一美男」朝思暮想。要是狄詠出去逛街還得出動警察指揮，以免粉絲爭看偶像、四下擁擠造成交通癱瘓。就連住在深宮的大長公主被問到未來的駙馬爺對象時，也毫不掩飾地指名道姓說：「我的阿那達要狄詠那麼帥才合格！」那時的皇帝宋英宗一見到這位小帥哥，也指著他驚呼：「你果然是人樣子！」（意指帥哥的典範），從此開封城裡的百姓都對狄詠「人樣子」、「人樣子」的這麼稱呼著。可惜狄詠是個武將，重文輕武的宋朝無法接受武將成為駙馬爺，大長公主只能悲嘆一生。狄詠最後娶了開封城第一美

女清河郡主，兩人郎才女貌，羨煞多少家庭！郡主屬於皇族，皇族願意與武將聯姻，在宋朝相當少見，帥哥真吃香！

　　不過這位小帥哥絕不只是外形亮眼這麼膚淺，狄詠在多場保家衛國的戰爭中「屢有戰功」。狄詠曾帶領三千步騎軍守衛環州城，力戰西夏的戍邊大將仁多瀚，殺敵萬餘人。但當時情勢實在是敵眾我寡，後來宋軍潰散、城牆被毀，為了不讓敵人屠城，狄詠便以身殉國。京城眾師奶們聞訊，無不為他掬一把同情淚。你要問狄詠戴不戴面具嗎？史書沒有記載，所以充滿想像空間喔！

韓家部隊新時尚，滿軍盡戴銅面具！

　　宋代另一個喜歡戴面具的將軍要屬與岳飛、張俊、劉光世齊名，被稱為「中興四將」之一的韓世忠。韓世忠雖沒有狄青一般的俊美外表，但身材魁偉，勇猛過人。出生在一個貧苦農民家庭的他，從小就不學好，導致大字不識幾個，少年時期血氣方剛、無處發洩的他，終日留連酒肆，喝多了發起酒瘋來便找人來「定孤支」，街坊都只把他當作一個嗜酒的無賴，還將他起了個外號叫做「潑韓五」。有一次，算命攤的先生卜卦預言他未來將位列三公，這小子認為太過唬爛，還把可憐的算命先生毒打了一頓。但這預言卻隱約透露出他不可限量的將來。

小混混晉升銅面將軍

　　韓小夥子18歲那年，亦即宋徽宗年間（看到這個皇帝出山就知道北宋快亡國了），可說是一個最壞的時代。當時宋朝最強大的外患遼國，因宋真宗時簽了一個「澶淵之盟」，雙方維持了近百年的和平。或許想像力沒有極限的藝術家都喜歡「挑戰不可能」，這時的才子皇帝徽宗除了喜歡寫書法外，也妄想要打敗遼國。但自己沒有能力啊！於是就跟金國結成「海上同盟」，聯合滅遼。金宋合力果然滅了遼國，但是遼國滅亡以後，宋朝變相失去遼國作為它的屏障，以阻擋金兵南下。這樣的情況直接導致首都汴京被女真族攻破，欽宗、徽宗兩個皇帝遭外族擄走的「靖康之變」，造成北宋的滅亡。

　　正當宋朝雞飛狗跳、不得安寧、貪官橫徵暴斂、激起各地民變之時，韓世忠在此刻作了一個決定：投入軍旅，應募從軍。身材本就魁梧的韓世忠，傳說能夠拉動三百斤的大弓，也能夠騎乘未經馴服的馬駒，在軍中漸漸成為小有名氣的人物。每次上戰場總是衝第一個，在抗擊西夏和金國的戰爭中，為宋朝立下了汗馬功勞。由於奮不顧身、出生入死的作戰精神，韓世忠一雙手只剩下四個完整的指頭，渾身更是傷痕累累，如刀刻一般！一向被看扁的小混混，竟在亂世中成為一代大將。

　　韓世忠除了平定方臘，還為宋朝平定了建安範汝、廣西曹成、淮南李橫、淮陽劉豫等反叛勢力，為偏安一隅、搖搖欲墜的南宋支撐了幾十年。這些赫赫戰功，使得他從一名士兵，一步步地被提拔為副尉、節度使、宣撫使等要職，儼然是這個時代的一顆巨星。當他成為部隊的統帥時，治軍嚴謹，他部隊的穿戴，更是一絕。不光是他本人，連同他所領的軍隊皆以銅為面具。每當戰勝，領軍進京拜見皇帝時，整支戴著銅面具的軍隊昂首於京城，十分威武，成了臨安城一道獨特的風景。軍中流傳著這樣的戲言：「韓太尉銅臉，張太尉鐵臉。」張太尉指的是「中興四將」之一的張俊，但「鐵臉」不是說他帶鐵面具，而是嘲笑他不知羞恥、臉皮比鐵還厚。兩相比較，韓世忠真是受到軍卒愛戴。

少時輕筆墨，老大好著詩

　　韓世忠早年是地痞出身，瞧不起文人，尤其看到朝中的文官動不動就要跟蠻夷議和，讓手握兵權的他更是不屑。在他腦

海裡，讀書人開口閉口不是「子曰」就是「詩云」，只會空談誤國。於是每當遇到朝中文官，韓世忠不叫他們「先生」，而是稱呼其「子曰」。眾文官不堪被嘲笑（讀書人面皮真薄），紛紛向宋高宗打小報告。宋高宗特找韓世忠約談，問：「聽說你都稱呼文官為『子曰』，可有此事？」韓世忠馬上恭恭敬敬地回應：「回陛下，臣現今已改！」高宗十分歡喜，以為他已經改了性子，能夠尊崇儒生，正想誇獎他時，韓世忠馬上回道：「現在，我已經改稱呼他們為『萌兒』了！」萌兒大概就是小孩子的意思，顯然嘲笑這些書生像小孩一樣只會耍嘴皮子嬉戲，無法救國。趙構聽了也只好一笑置之。

　　韓世忠晚年因忤怒秦檜被貶，退休以後，卻做了自己年少最輕蔑的事——讀書，而且還作詩。他所做的〈臨江仙〉和〈南鄉子〉二首，詩中「榮華不是長生藥，清閒不是死門風」、「富貴榮華總是閑，自古英雄都是夢」二句，道出了他翻騰沙場與官場幾十載的感慨。

驚嚇金兵畢再遇，屢用奇計扈再興

　　時間是十三世紀初，偏安一隅的南宋已失去了前朝如岳飛、狄青、韓世忠這般精忠勇猛的武將，在陰雨綿綿的江淮一帶，君王、臣侯只貪戀西湖歌舞，無心重振國威。但這麼一個頹靡的年代，卻孕育著一位誓破金虜，重振河山，素有將門遺風的軍事領導，他的名字叫──畢再遇。說到畢再遇這號人物，各位看官並不熟悉。但他的父親畢進可是岳飛麾下部將，曾隨岳飛北征，立下許多汗馬之功。虎父無犬子，畢再遇並未因宋代重文抑武政策的壓制而減其光芒，他的驍勇善戰，反而在那黯淡的年代，寫下輝煌的一頁。

　　生長在軍營的畢再遇，父親自幼便教他習武藝、讀兵書。正式從軍後，被任命為侍衛司馬。每當他領兵伐金，總會令他的士兵扛起「畢將軍」這三個大字的大纛，氣宇軒昂地宣示出征。他自己則跨坐在一匹黝黑駿馬上，身穿帖兜鍪，臉著鬼面具，披頭散髮，好不威武。這支軍隊絕非中看不中用之師，畢再遇的戰功，最為後世驚奇的是他與金兵的一場戰鬥，以僅僅四百八十人的鐵騎便擊潰金國五千人之的軍隊。在當時金兵只要看見「畢將軍」的將旗揮舞，就會聞風喪膽驚呼：「畢將軍來了！」個個嚇得落荒而逃，有岳飛重現江湖的現場感，可見其實力堅強，威名遠播。

　　與畢再遇同時期的另一南宋將領扈再興（當時流行以「再」字為名，可能與南宋「再」返中原的夢想有關），除了

屢用奇計，也曾帶領士兵以假面嚇逃金兵。傳言扈老兄是位筋肉猛男，而且還足智過人，雙手可同時揮舞兩把大刀，只差沒有演電影，不然還真可以冠上「南宋阿諾」的封號。當時大宋的國祚已接近末期，是個戰鼓頻擊的年代，即使在熱鬧的都會區，也無法避免女真人騎馬來撒野的馬蹄印跡。南宋嘉定年間，金軍頻繁入侵襄陽、棗陽一帶。扈再興奉命守城，他見敵眾我寡，便運用機智，聯合其他將領在三面設置機關，自己領軍引誘金兵踏入埋伏，金人三面受敵，一敗塗地。

金兵輸了之後不甘願，隔年又率兵到棗陽舊地重遊。扈再興聽聞，馬上率領軍隊救援。這次他趁著夜晚，在地上放「蒺藜」這全身上下都是刺的植物作為暗器，到了早晨便整支軍隊假裝逃跑。金人來了之後見無軍守城，大喜過望，急於登上城頂、插上旗子宣告占有，絲毫沒有注意到滿地都是暗器。結果踩到暗器的無不哭爹喊娘。扈再興光用這招就讓金人當中七成以上成為傷兵，無法繼續作戰。

連續兩次被想像中孱弱的宋軍所敗，金人的面子實在掛不住，於是派出大元帥完顏訛可帶領數萬步騎親征。這次扈再興利用地理上的優勢，仗著金人攻城需要越過大壕溝，再度演出「空城計」。這幫金兵也著實學不乖，爭著進入城池，說時遲那時快，扈再興就趁此時，領兵快速攻擊，多數金兵便在這樣的情況下墮入水中，成了亡魂。扈再興又派出一支戴著面具、穿著皮衣的敢死部隊，排成一列準備進擊。剩下的金兵，已是疲憊之師，光看到眼前鐵面戰將的陣勢，就嚇得棄甲逃走了。其實這支敢死隊是扈再興臨時在當地招募的，不見得有什麼戰

術，但一戴上鐵面具，驚嚇效用大無窮，連鄰家阿伯、大叔也搖身一變，成為一支威武嚇人的部隊。面具用途真是多，這是除了「防護」、「遮美」之外的第三功效啊！

四爺面具英姿難忘懷

　　看完前面幾回的介紹，是否覺得原來咱四爺不過也只是滄海之一粟，能跟他PK的對手數都數不清，對蘭陵王這個角色有些幻滅呢？各位看官，別急別急，事實上咱四爺雖然並非獨一無二，但在影響力方面遠披後世甚至國外，可是超乎其他將領所能及的呢！

　　一講到蘭陵王，邙山一戰便會被不斷提起。因為這一場戰役，咱四爺只率領五百名騎兵，便以寡敵眾、反敗為勝，英勇戰勝北周！此役在當時是一件值得大書特書的喜事，能歌善舞的鮮卑族為了慶祝此役，並且稱讚四爺的威武神猛，勇冠三軍的故事，於是填詞譜曲，編了一首《蘭陵王入陣曲》，將士們開慶功趴時，由一人戴起青面獠牙面具模仿起統帥的模樣，周圍的士卒附和著吟唱。不過當時的人們沒有想到，這在後世成為了中國化妝歌舞戲的雛形。

一曲成名千古流傳

　　後來《蘭陵王入陣曲》很快地流傳開來，成了當時民間耳熟能詳的樂曲。隋統一中原後，此曲更由皇家的樂府編入宮廷舞曲。唐代胡風鼎盛，兼容並蓄的國情更將這支歌舞樂發揚光大。在唐太宗貞觀7年（633），李世民在傳承的《蘭陵王入陣曲》樂曲基礎上，命樂府制作《破陣舞圖》，成了唐代最著名的歌舞大曲之一。一開始僅用於宴客的表演，後來漸漸登上祭

祀的舞台。

　　這種歌舞在北齊原本是「戰鬥型舞蹈」，至此已不在沙場上演奏，成了「軟舞」，唯獨由一名男子戴著假面的傳統並未改變。唐代崔令欽所著，專門記載中國音樂的《教坊記》將此舞曲稱為《代面》、《大面》。而我們從清朝的《教坊記箋訂》記載中可以看見此曲的流行風潮。文中敘述此劇在初唐已盛行，尤其於宮廷中經常演出。在武則天即位後，衛王（即唐玄宗之弟）更以5歲的童稚之齡登場演出「弄蘭陵王」這一齣劇。

　　雖然後來唐玄宗李隆基以「不夠正派」為理由，在公開場合禁止演奏此曲，但我們知道歷史當中，愈是被禁止的東西，就如同伊甸園內的禁果，必定更吸引人們的好奇。因此這個詔令絲毫沒有減損《蘭陵王》一曲的魅力，反倒更加彰顯這首曲子在當時的影響力道，並且加速它的流傳。

漂洋過海成為日本傳統文化

　　與大唐隔海相望的日本，當時正進行著「偉大的變化」，也就是所謂的「大化革新」運動。到了唐武宗時期，日本派遣數十名留學生遠渡重洋到中國來學習「雅樂」，其中的留學生尾張濱主，率先將《蘭陵王》這支舞曲引入日本。剛傳到日本時，為了與當地文化結合，僅重視舞蹈的「姿勢」部分。到了室町時代，又將這首舞曲取名為《龍王》，結合了「能劇」的「幸若舞」，開始把它視為正統雅樂，在日本民間廣為流傳，為日本代表性的六首「唐樂」之一。

　　流傳至現今，日本仍然保有這樣的傳統。當今的日本奈良（也就是當時皇室所在地），在正月十五日年度古典舞表演時，仍以《蘭陵王入陣曲》的舞蹈作為開場。日本《舞樂圖》中繪有《蘭陵王》舞姿，題記：「蘭陵王，唐朝準大曲，一人舞。」在諸如賽馬會、相撲比賽，以及皇室的重大慶典如天皇即位等，都會表演《蘭陵王入陣曲》，由戴著怪獸假面的舞者一人獨舞，穿著紅袍、金腰帶，伴著緩緩鼓聲，表演出四爺在一千五百年前的英姿。

第四部

魏晉南北朝
「微歷史」

中國古代F4大揭密

　　根據《北齊書》記載，關於蘭陵王長相的形容只有一句話，就是「貌柔心壯，音容兼美」，從字面上來看，就是「相貌美得無以言喻，內心堅強剛直，聲音、容貌與神情都是無死角般的美麗。」其實古書形容人都寫得很簡略，大多只能靠意會與想像。不過光靠著這一句話，蘭陵王就可與潘安、宋玉、衛玠並列為中國古代四大花美男，可以推斷蘭陵王的長相絕不是路人等級。

跟登徒子比好色的宋玉

　　第一位登場的美男子是戰國時期楚國人宋玉，他才貌兼備，因為善辭賦，著有〈九辯〉、〈招魂〉、〈風賦〉、〈高唐賦〉、〈神女賦〉、〈登徒子好色賦〉等名作，並與屈原並稱「屈宋」，可見其文學地位非同凡響。至於他的外貌，我們可以從他的〈登徒子好色賦〉來窺看一番。

　　〈登徒子好色賦〉中寫道，某日楚國大夫登徒子跑去跟楚王打小報告，說宋玉「體貌嫺麗」，長相俊美、口若懸河，但性好女色，勸楚王不要讓這樣的宋玉隨意進出後宮，以免被戴綠帽。楚王一聽甚是震怒，傳喚宋玉前來質問，宋玉一聽，辯解道：「長得帥是天生的，口才好是老師教的，好色則是絕對沒有的事。」皇上要求他解釋，他便說，天下的美女盡在楚國，而楚國最美的，都在他的家鄉，其中最美的，就是他鄰

居。這位美女爬牆偷看了他三年，他都絲毫不動心，因此絕非好色之人。反觀登徒子，他的老婆又醜又駝背，還長疥瘡，登徒子跟這樣的醜妻還生了五個小孩，他才是真正的好色之人，請楚王明辨。

這樣的詭辯竟也說服了楚王，娶不到美女為妻的登徒子反成了調戲婦女的負面代名詞，只能說登徒子不但外表輸給了宋玉，口才與機智也是遠遠落後於宋大帥哥，無法為自己辯駁。

不愁鮮花水果的潘安

後人都用「貌似潘安」來形容男子之美，而《晉書》中形容潘安只用了短短「美姿儀」三個字，來描述其相貌氣質。光這樣可能還不夠具體，《世說新語》中也提到一小段關於潘安美貌的逸事，話說潘安每次駕車四處趴趴走時，都有不少女性粉絲前來目睹他迷人的風采，行經之處皆夾道簇擁，尖叫歡呼不夠，粉絲們還瘋狂送上鮮花水果以示愛慕之意。這些贈禮多到馬車上都放不下，以致潘安每每滿載而歸。這項事蹟也就是「擲果盈車」這句話的由來，由此可見潘安美貌之驚人。

被看死的美男衛玠

西晉的衛玠，堪稱最符合花樣男子的形象，因為他除了像花一般嬌美，也像花一般地柔弱。《世說新語》中寫道，衛玠的舅舅驃騎將軍王濟是位英姿煥發的型男，但他每見到衛玠，就會發出感嘆：「珠玉在前，覺我形穢。」意思是：有像珠玉一般的人在我面前，更讓我感覺自己的模樣不如人。

衛玠身體羸弱，經常生病，但沒事還是喜歡到處遛達，讓路人有機會一睹他的風采。有一年，他照例乘坐白羊車到下都洛陽遊玩，群眾以為是珍奇異獸，不，是玉人，而爭相圍堵，一連被人看了好幾天，讓身體本就孱弱的衛玠無法好生休息，以至於因疲累而倒下，最後一病不起，這就是著名的「看殺衛玠」事件。看完《世說新語》傳神的描述，本來可能質疑舅舅的讚美還帶點私心，但就連路人都把衛玠給看死了，還能說衛玠不美嗎？

柔美更勝女子的蘭陵王

「面具下藏不住的絕色容顏」就是在形容蘭陵王高長恭。他是北齊名將，雖然沒有當時的壹週刊《世說新語》幫助我們理解高長恭的美有多驚人，不過從現代影劇中，也能讓我們從角色窺見一點蘭陵王的美貌。戲劇中，男女主角相遇的第一幕，就是女主角看見蘭陵王在河邊洗浴，光是背影就誤認他為「美女姐姐」。姑且不論演員本人的長相，但設定上，蘭陵王就是這樣長相柔美、雌雄難辨。

影劇中的高長恭，人帥心腸也好，不論是跟隨自己出身入死的將士弟兄，還是一般的黎民百姓，都能仁愛以待；面對戰事與決策親力親為。不過這樣的個性與受愛戴的程度，反倒讓當時還是太子的高緯又恨又妒，為了躲避太子的猜疑，高長恭還做出收賄這樣的舉止，企圖自毀形象，不料還是躲不開手足相殘的結局，最後遭到繼位為王的高緯賜予鴆酒而死，推估死時才三十有二。

　　劇裡的蘭陵王跟歷史上的蘭陵王也許有些落差，不過兩者都是「貌柔心壯」之人，也都是至死仍心繫國家大事的真男人，美貌與否其實並不影響他的歷史地位，但卻為這樣一個史料極少的角色，增添許多風采。

御用文人集團：建安七子

有七個從東西南北聚集來的落魄文人，歷經東漢末年的饑荒兵亂，飽受流離顛沛的痛苦，用雙眼看見人民從哀號變成橫屍，最終他們聚集在鄴中，拜於曹營幕下。除了孔融與曹操政見不合之外，另外六人從投奔曹操後，因為地位發生變化而能過上安定暖足的生活。不論他們真實的心中怎麼想，至少表面上都（稍稍）感謝曹操的知遇之恩。他們用剛健的語言、爽朗清新的格調作為曹魏的御用文人，意外地創造了建安風骨，並期待在曹操的帶領之下，有一天能夠見到中原統一。

不可一世的臭脾氣：孔融

孔融是建安七子中輩分最高者，以「孔融讓梨」的故事令大眾耳熟能詳。門出孔子後代，家中一向書香裊繞，加上少時成名，才氣受到認同而十分具有名望，因此孔融也逃不過文人習氣──自視頗高。其實孔融本人深具俠義之氣，能言又敢於擔當，讓孔融注定成為時代中的獨行俠。

一位叫張儉的讀書人，因發起第二次黨錮之禍，大力駁斥宦官勢力而四處逃亡，而張儉的「臨時居留所」眾屋主名單中，正好有孔褒在上面。正當張儉急敲孔家大門時，孔褒恰巧不在，所以16歲的弟弟孔融就作主收留了張儉。沒想到事跡敗露張儉被抓，政府開始秋後算帳。但是這究竟要算誰的帳呢？是張儉指定要找的孔褒，還是收留他的孔融？窩藏政治犯可是

不得了的大罪啊！

孔褒說：「張儉要找的人是我，事情由我開始，和弟弟沒有關係。」孔融卻說：「是我決定留人的，跟我哥哥有什麼關係？」還沒有想到「死」這件事，心中正義已經先破匣而出，這就是孔融！也或許孔融並不畏赴死，為了道德與至親，他需要跑在生命之前，這也是他實現自我生命價值的方式。

當董卓攻下洛陽，與孔融兩人相看不順眼，所以將孔融下放黃巾之亂第一線的山東北海郡，沒想到孔融不改和平時代作風，在當地修學校、廣招學士、舉辦各項文化活動，黃巾暴民打來，自然弄得孔融灰頭土臉。

曹操把持漢獻帝之後，孔融對曹操有諸多看不上眼，認為自己有責任矯正曹操的行為，多次在公開場合上直接給他難堪。當曹操為軍隊食糧而節糧禁酒，他以飲酒為傳統文化來撻伐曹操的政策；又諷刺曹丕納政敵袁熙的妻子為妾；還吐嘈曹操遠征烏桓只是浪費兵力、無事生非。曹操本就沒什麼好脾氣，碰上了孔家這個硬釘子，待至忍無可忍無須再忍之時，便喚人把孔融給辦了。因為有抱負，個性固執，無法適應政權變化，也裝不來世故逢迎，才成就了為理想而死的孔融。他那不可一世的「臭」脾氣，果真也難以融入這個世代。

識時務的優質公務員：陳琳

陳琳作為一位「檄文（軍中文書）」專家，即使在陣營轉移、頭家換人的情形下，也一直都能保持職業精神。出征前用筆墨鼓舞士氣，如果主子有需要，便將文字作為利器聲討敵

人、指責對方罪行。

　　當陳琳還是袁紹的入幕之賓時，曾做〈為袁紹檄豫州文〉極盡所能地辱罵曹操，從出生來路不明開始數落（曹操祖父曹騰為宦官、父親曹嵩為宦官養子），再嘲諷他花錢買官，又說是「贅閹遺醜」，笑他是閹人的後代。如此嘲弄對當時的文人雅士來說，實在難以入耳，比之今日三字經有過之而無不及。又寫曹操殘害忠良、挾天子以令諸侯，為了錢去盜別人的墓，總之曹操在他筆下變成一個沒文化、沒水準的卑鄙流氓。

　　沒想到才過不久，袁紹的兒子袁尚、袁譚不爭氣，搞內鬥被曹操坐收漁翁之利，此時陳琳自然是被刀劍駕著去見曹操。陳琳是個惜命之人，哪裡還記得當初是如何替袁紹罵曹操的，立刻解釋自己不過受情勢所逼，並非出於個人的意志。曹操一聽更高興了，你這個好樣的陳琳！不但有才華，還是個識時務的聰明人。於是將陳琳收作參謀之一，沒事的時候做書記官，有事的時候專寫檄文。

　　陳琳果然繼續展現他的敬業精神。在曹操準備討伐孫權的征討文中，曹操搖身一變成了眾望所歸的領導者，不但能審度時事，即時率領軍隊西征，還受天地的眷顧「利盡四海，兵不鈍鋒」地攻下陽平、收取巴郡，而孫權不過是連菽和麥都分不清的毛孩子！

　　但他這樣的牆頭草行為，卻受到多數文人的撻伐。陳琳自己的心中究竟有沒有疑惑呢？也許〈飲馬長城窟行〉裡那個等待丈夫的賤妾，就是他的化身吧！唯一能確定的是，陳琳在變化劇烈的時代裡，選擇保全性命，始終務實，寫文不需等待天

時地利人和，只要把筆搓熱、隨手一揚，就能完成一篇張力、文采具足的好文章，他大約是建安時代最盡責的作家、也是最優質的公務員了！

失意青年、得意大叔：王粲

　　王粲少年時即博學強記，被劉勰稱讚是為「七子之冠冕」，更難得地獲得曹營中兩位水火不容兄弟（曹丕、曹植）的尊重與友誼。王粲過世時，「七步詩人」曹植為了哀悼王粲之逝，寫了一篇動人肺腑的〈王仲宣誄〉；而曹丕則因為王粲生前喜聞驢鳴，於是和他的幕僚們立於墓前，每人學一聲驢叫以示敬意。

　　這位文藝青年，祖上三代都是做大官的，加上自身才學，17歲時就職黃門侍郎，伴於皇帝左右，這些資本已經足夠他自比管仲樂毅。但在長安遭受軍閥襲擊，而選擇赴荊州投靠劉表之後，他體會到生命的另外一種面目。前往荊州路途，處處見到戰火遺留的飢死傷病，原本涉世未深的少年融入慷慨悲涼，而後有〈七哀詩〉之作。

　　投靠劉表之後，王粲並未受到重用，本來說好要給他當媳婦兒的劉表之女，變成許配給王粲的哥哥。劉表是因王粲貌不揚而不予重用嗎？蔡邕曾表示：王粲除了長得比較寒磣之外，才華可是絕無僅有。但劉表到底曾振興北方經學文化，亦熱衷於文學活動，不太可能僅因王粲長得不好，就將女兒改嫁他人。或許是王粲的性格裡有不足以託付之處，最有可能的就是那早年成名的文人自負了。

　　劉表只給王粲一些小事情做做，有意無意地琢磨著王粲的性子，同時也蹉跎去王粲16年的青春年華。建安13年，劉表之子劉琮降於曹操，此刻王粲已經蛻去少年浮華，年過30，遇到曹操猶如魚入於水，常被委以重任，一路升遷終官拜侍中。於曹營中，肩負重任的王粲又激發起他建功立業的雄心，文字創作風格從哀戚一轉為激昂。這半苦半甜的生命，在烽火四起的時代已經稱得上是幸福。少年時遇劉表而有傳世之作，入而立之年後亦能一展抱負！

書痴不畏病和貧：徐幹

　　出身貧農又體弱多病的徐幹，十分沉迷於浩瀚的書海。在他志於學之前已經博覽群書，14歲開始研讀五經，在知識方面下的功夫連他父親看著都擔憂，深怕徐幹累壞身體，而常加以勸阻。「發憤忘食，下帷專思，以夜繼日」是對徐幹用功的身影描述。因而能在20歲前精通五經，且出口成章、下筆成文，總之是個文才超眾的青年學者。或許也因為身體不佳的因素，使得徐幹不好爭名奪利，生性較為淡泊。

　　在宦官爭權的東漢末年，徐幹僅是閉門謝客，默默以讀書為樂，即使州牧郡守向他拋出橄欖枝，徐幹也拒不受召。對他來說，冒著失節喪志的危險，更寧願繼續閉門造車、研究學問以自守清貞。等到曹操平定北方，徐幹評估是可以一展長才的時候了，便入曹操之幕，與王粲、陳琳等人以文相交。約五、六年之後，徐幹稱病而向曹操請辭回鄉。但是否真的是源於身體耗弱呢？他曾自書「身窮窮巷，頤志保真」，若要保真志，

於曹營中未嘗不可，可見在出仕這段時間裡，徐幹認為有些東西不符合期待，至於是什麼人或事就不得而知了。

離開曹營往後的日子，徐幹曾窮到需要將一天的食物，分作兩日進食，卻也不覺得難過，與顏回「一簞食，一瓢飲」的精神十分相似。徐幹的政治散文〈中論〉的內容中，相當著重述聖賢之道，以闡發義理為標竿，又論證詳密，而在建安時代能自成一家之言。

火燒屁股來做官：阮瑀

從小便跟了蔡邕做學問的阮瑀，在學業上可以說是一帆風順。蔡邕是誰？他可是當時琴棋書畫樣樣行的大師。老蔡遇見小阮瑀可謂一見如故，不但傾囊交授，一同寫辭作賦、寫書法作畫，又教他學數學、玩音樂。至阮瑀才學已備，卻見天下大亂，民不聊生，而不願陷入這個亂世的泥濘，就將包袱款一款、用驢車載著書，揮一揮衣袖奔進山裡去了。

亂世中混得風生水起的曹操，一直耳聞阮瑀的大名，而想讓阮瑀來為他效力。沒想到發出邀請之後被阮瑀嚴辭拒絕。曹操不死心地一再派人進山遊說，但阮瑀就是不答應。曹操眼皮一跳，也不知怎麼就想到了春秋時期晉國的介子推，決定一效古人智慧，來個火逼阮瑀。大火將山林燒得衰敗零落，阮瑀也許是被曹操執拗的誠心感動而出仕，更可能是因為擔心繼續拒絕曹操，還會面臨更激進的策略，或者是兩種原因兼具，反正半推半就地跟了曹操。有些不情願的阮瑀，工作起來也就有些漫不經心。心生不快的曹操打算在一次的大型宴會中，挫挫阮

瑪的銳氣。

　　某天夜宴中賓客們逐漸入座，曹操說：「阮瑀師承古琴大師蔡邕，請為大家彈奏一曲吧！」突然把阮瑀趕入樂工之列。阮瑀從容地坐定，一展音樂才華，即興撫琴而歌，不但表現高妙的音技，還利用歌詞拍了一下曹操的馬屁。曹操一聽大為愉悅，而開始重用阮瑀。於是阮瑀成了重要文官，與陳琳同任司空軍師祭酒，一起分擔書寫檄文、管理文書的工作。阮瑀才思敏捷，寫起文章一向又快又好，最擅長章表書記，詩賦亦文采彬彬。有一回出征在即，需要寫信給關西軍閥韓遂，阮瑀坐在馬上提筆就寫，不稍半刻便呈給曹操。曹操看了半天，發現增一字太累贅、減一字有遺憾，竟是無法改動，只能拍掌叫好。

高門子弟也知民間疾苦：應瑒

　　應瑒家中世代為儒，與弟弟應璩以「文才少年」雙雙成名，但是應瑒長得並不好看，據說其鼻子的形狀像被削掉的雞蛋。應公子的興趣是大飲美酒，而且還有些好色，酒醉時言語即流洩出輕薄，閒暇無聊時也和同伴玩鬥雞。看到這裡，實難以相信這個酒糟鼻、輕佻浮華的富家子弟名列「七子」之一。若非生於書香世家，加上博學的伯父應劭不時加以教化，說不定真的無法得才子之名。

　　應瑒受曹操召應，出任丞相。往後又任將軍府文官，開始隨行於出征的軍隊。在軍旅路途中，應瑒看盡戰火悲歌，文學特色融入漂泊懷思，而做「征賦」、「西征賦」、或憂國慮民的詩篇文章。從其詩文：「常恐傷肌骨，身陷沉黃泥」、

「行役懷舊土，悲思不能言」中，可觀察到一個黑暗時代的悲苦，這是應瑒對民間疾苦的深刻體會。因此，反映史實的詩詞創作，也成了應瑒的文學特色。曹丕曾稱讚應瑒「才學足以著書」，吳質也說他「才學所著，誠如來命」，表示應瑒的才學猶如天賦，渾然天成、完美無瑕，這可是極高的讚譽；劉勰則謂「綜其斐然之恩」，表示應瑒文藝本質太好，如天賜般珍貴。但是世界似乎無法容納太多才子，建安22年，關中突然病疫大流行，陳琳、劉楨、徐幹與應瑒四人，竟在同一年因病揮別人世。

松柏本性寧折不彎：劉楨

　　劉楨的父親劉梁少有清才，以文學見長，母親為當時京兆尹王章之玄孫女，琴棋書畫無所不通，因此劉楨可說出生於一個文化底蘊深厚的家庭。因早年喪父，母親對小劉楨管教更為嚴謹，寄託更大。所幸劉楨資質優異，且從小就勤學好問，5歲能讀詩，8歲能誦《論語》、《詩經》，能賦能文，加上記憶超群，言思敏捷，而得到神童的稱號。時間一轉，劉楨從神童變成了才子，當曹操向他遞出邀請函時，劉楨欣然從命，且十分感激曹操的知遇之恩，於是用文字誠心地讚美曹操，說他如同漢高祖劉邦，也是信陵君的化身，總之是統一中原的唯一希望。最初劉楨隨曹操職丞相掾屬，之後隨侍曹丕，改任五官中郎將文學。

　　劉楨文學造詣高深，為人坦蕩爽朗，故亦深得曹丕、曹植兩兄弟的喜愛，經常約他喝茶、賦詩作對。有一次曹丕見到劉

楨的文章，一讀之下愛不釋手，心頭一熱，就把配在腰間的「廓洛帶」（從外族傳入的一種腰帶款式）解下來送給劉楨。那廓洛帶由黃金鑄成，帶頭上刻有瑞獸圖案，從意義和價值上來看都是一件重要的飾品。也許當下賞賜的時候曹丕感到豪氣萬千，事後卻覺得不甚妥當，想要將東西收回來，因此寫信給劉楨，說道：「物因人而貴，腰帶放在你那兒反而顯示不出價值了，看你還是還給我吧！」表示寶物還是應該放在能人之側比較好。信中內容顯然有些輕蔑劉楨（是說我劉楨不是個能人嗎可惡），劉楨也不是個順服的人，因此回了一封信，舉出荊山之玉、隋侯之珠、南垠之金、豳貂之尾四寶，並非一開始就伴於貴人左右，可見「寶物」與「能人」並非必然的相隨關係。內容不卑不亢，妙語連連，曹丕除了更加欽佩劉楨的才學之外，也就不再計較一條腰帶了。

劉楨居於鄴下時，常與曹氏兄弟、王粲、徐乾等人同樂共遊，彈棋博弈、飲宴賦詩，好不優遊逍遙。雖然曹丕與諸人有主從之分，但興之所至，常常也就不分彼此了。一回曹丕設宴府上，邀請眾位文學好友聚飲，酒一喝多頭腦又開始發熱了，提議讓自己的妃子甄妃出來為大家斟酒。這可是驚世駭俗的言論，古時候女性家眷一般不輕易拋頭露面，遑論帝王、世子的后妃！國色天香的甄氏緩緩出場，眾下屬雖口水直流，但也伏首示敬，只有劉楨秉著「愛美之心，人皆有之」仰頭欣賞甄妃，嘖嘖稱奇。曹丕登時感到君不君、臣不臣，就以不敬的罪名將劉楨分派到生產部門磨石做苦力。當曹丕來到磨石坊視察工作，眾人均匍匐在地，又是劉楨未跪照常勞作，曹丕滿面怒

容地質問：「你懂不懂禮數？」劉楨卻回答：「我做事竭盡全力，是對您的敬忠啊！」曹丕又問：「磨的是什麼石頭？」劉楨再答：「是荊山之石，外貌一般卻有和氏璧的美質」。曹丕明白劉楨這是以石自喻，也明白對劉楨的處罰過於嚴厲了。不久之後，劉楨果然重新回到了曹營的文人核心，繼續和大家一起吟詩作賦。

建安七子事蹟

	生年	卒年	重要事蹟
孔融	153年	208年	反對曹操；時代獨行俠
陳琳	？	217年	擅長檄文，換老闆筆鋒也會一轉
王粲	177	217年	七子之冠冕，與曹丕、曹植交好
徐幹	170年	218年	精通五經，不好名利
阮瑀	約165年	212年	音樂才子；能馬上為文，又快又好
應瑒	？	217年	其貌不揚，才學渾然天成
劉楨	？	217年	才氣滿溢，個性直率

亂世出天才：竹林七賢

　　風聲逐影的竹林間，一群人衣衫不整地嗜酒高談，在亂世裡他們避世溺於老莊之道──這是眾所皆知的竹林七賢。但是其實七賢一點都不「閒」，他們忙著要和君主周旋，還要堅守自己心中最後的道德底線，可不是無所事事可以整天下棋彈琴就好！在紛亂的政治與重重制度的束縛下，他們用各自的方法實踐人生價值，對於七賢來說需要遵循的不是「禮法」，而是「本心」！

終曲《廣陵散》，送行花美男：嵇康

　　嵇康在年紀還小時父親就去世了，家中環境也不寬裕，但仍熱衷於學習，而精通老莊思想，更擅長音律與古琴彈奏。也許正因為成長之路上不必受父權的壓制，加上血液裡流淌著不羈，造就嵇康不拘小節、不畏強權的性格，即使生命面臨脅迫也堅持高舉心中的正義旗幟。

　　他的理想是前往一個不受名教束縛的國度，人們可以任真性、依真情而行。後來，嵇康接受曹魏的指婚，迎娶曹操的孫女長樂亭公主，做了中散大夫，並在公主的封地修建一所莊園別墅，與志同道合的友人過著喝酒、彈琴、高談的恣意生活。皇帝將公主指婚給這個窮小子一點都不奇怪，因為嵇康可是少年成名的青年才俊，還是當時風姿特秀、人見人愛、山見山崩的美男子。

好景不常，司馬師殺了曹爽之後，各地勢力又開始蟄伏暗動。嵇康原本就是一個對外在環境變化極為敏感的人，如今司馬氏算計並殺戮曹氏子弟，踩到了他的道德底線，讓嵇康從文青變成憤青。已經32歲的嵇康，處處和司馬一派對著幹，還曾經想要夥同毌丘儉等人起義，但正忙著說服山濤入夥時，毌丘儉等人已經起義失敗了。司馬昭上台後，嵇康就用筆桿子打著反馬的旗幟，司馬昭說什麼，他就反對什麼。司馬昭提倡張邈的「自然好學論」，嵇康就寫了一大篇〈難自然好學論〉，故意非難、諷刺「自然好學論」；司馬昭自比周公，嵇康就在〈管蔡論〉裡詭辯：「其實管、蔡是忠於文王的大好人，要不是周公攝政，他們也不會作亂而遺臭萬年」。

司馬昭也真是不簡單，居然對嵇康一忍再忍。有一回司馬昭想請嵇康出來做官，便派當時在政治、文化圈頗有地位的鍾會前去遊說。鍾會至嵇康的山陽居所時，正見嵇康揮槌、向秀鼓風，目不斜視地專心打鐵（嵇康與向秀為生計煉鐵，技術先進、手藝絕巧），對鍾會視而不見，甚至連表面功夫的招呼都懶得給。鍾會想要開口說些什麼，嵇康卻屁股不離椅子地繼續鍛鐵。惱羞成怒的鍾會返回對司馬昭說，嵇康即使厲害，但不能為王所用，自然應當該殺。務實的山濤見好友命懸一線，聽說司馬昭正在尋覓吏部郎的要職人選，馬上上書推薦嵇康，希望嵇康看在還有一對未成年子女的分上，稍稍平復當權者對他的反感。

嵇康雖是憤青，卻不是愣頭青，他沒有拒絕也沒有接受。直到司馬昭廢了小皇帝曹髦，嵇康徹底憤怒了，他藉著山濤薦

舉職位一事，寫了一封指桑罵槐的〈與山巨源絕交書〉，表面上好像要與山濤絕交，實則指責湯武、譏笑周孔，同時諷刺司馬氏篡位之心昭然若揭，直接挑戰了司馬氏政權的合理性。司馬昭這次真的氣到了，決定要拔除這根心頭刺。剛好，嵇康的好友呂安，被其兄呂巽告發「為子不孝」（這是一起誣告案，呂巽侮辱呂安妻子，怕弟弟報復，乃惡人先告狀）。嵇康為其辯解，司馬昭乾脆編派了死刑，把這兩人一起處死。

行刑之前，嵇康看著生命中最後的太陽，向看守人索要一把琴，神色從容的奏起絕響的《廣陵散》（沒錯，就是小說《笑傲江湖》中，劉正風和曲洋死前合奏那首！）。東市外圍喧囂吵嚷，三千多名為嵇康求情的太學生都快要暴動了，但嵇康只是靜靜回味人生，自認為已盡道義、無愧友情，唯一的牽掛，便是託付給山濤的那一對兒女吧！

避世一醉六十日：阮籍

阮籍也是個幼年喪父、家境清苦的勤學少年。自小，阮籍就不輕易將喜怒顯露於表情之上，相傳他的眼睛有青白兩色，遇到合意的人才會以青眼相對。阮籍母親過世之際，嵇喜悲哀地前來弔喪，遭到阮籍白眼；其弟嵇康知道阮籍一向厭惡遵循世俗禮法，便攜酒挾琴前來弔喪，阮籍則高興地用青眼看他。其實所謂「青眼」就是以正眼視人，眼睛黑的部分較多；「白眼」即是斜視，眼睛白的部分較多。想必實際上並非阮籍的眼睛會變色，但這個典故來自阮先生本人。

阮籍對當時禮俗深不以為然，只順從心中想做的事。他的

194

鄰居住著一位美貌婦人，有次阮籍喝醉了就直接睡在美婦旁邊，雖然婦人的丈夫心生疑慮，但偷看好幾次，只見阮籍呼呼大睡，並無不檢點的行為，對他也無可奈何。對阮籍來說，欣賞美女是他的自由，他才不理會男女之間該有的什麼「倫理」和「避嫌」問題。當兄嫂要準備回娘家時，阮籍與嫂嫂見面並告別，這樣的行為被時人所詬病，因為弟弟與嫂嫂的交流有敗壞風俗的嫌疑。但阮籍只是將兄嫂當作家人，將女人當作人，自然而然地相處而已。

某次，阮籍正在和朋友下棋，突然收到母親去世的消息。對弈者本想告退，但阮籍堅持要把這盤棋下完。在他喝了整整兩罈酒之後，突然哭嘯一聲，吐出一大灘鮮血。母親下葬當天，阮籍違背了當時禮教規定服喪禁止吃葷飲酒，不但吃了一隻蒸豬，還喝了好大一碗酒。他在墳前和母親說了告別的話後，突然慟哭不止，間斷地吐了好幾口血。喪禮後阮籍形容枯槁，骨瘦如柴，雙眼無神。那真切的哭嚎，枯萎的容貌，說明他心中滿溢的哀戚。他認為至性真情本在，不需透過實踐禮教才能傳達，因而故意違背服喪規矩。

阮籍本有濟世之志，曾慨歎「世間已無英雄能讓我一展抱負」。在司馬氏得權後，政治變化如雲雨無常，阮籍採取不涉是非、明哲保身的態度，關起門來讀自己喜歡的書，或是遊山玩水，亦常喝得大醉酩酊，反正就是不談與政治相關的言論。司馬昭的心腹鍾會偶爾上門探查他的立場（你到底支持曹家還是司馬家？），阮籍總是用酣醉、加上玄妙的言詞回應，一邊還打著太極拳。

　　司馬昭對阮籍仍十分欣賞，甚至想招阮籍之女為兒媳。阮籍毫無意願和司馬家結親，竟大醉六十日，讓司馬昭一點提親的機會都沒有。阮籍不喜做官，但有一次竟向司馬昭表示，挺欣賞東平這個地方的風景，想去那兒做官，於是阮籍就騎著驢子，上任東平常侍，到任後馬上拆除衙門的前後牆壁，使行政教令一目瞭然。十幾天後，又因聽說步兵營廚房中有美酒，於是向司馬昭申請要轉任步兵校尉。阮籍得以如此任性豪邁，也源於司馬昭對他的尊重和包容啊！

　　司馬昭雖然大權在握，但若想升自己的官、封個晉王來做做，還是需要做些表面功夫、假裝拒絕一下。為了避免自己假意推辭後，真的沒人繼續勸進，搞得場面冷掉，他特意命令阮籍寫一篇〈勸進書〉──勸我司馬昭為了天下大局快快就任吧！儘管阮籍想再次借酒避事，但司馬昭這次很高明，沒給他借酒裝瘋的機會，派許多文臣、士兵一起坐在他家等他寫完。他意識到這次忽悠不下去了，因此在桌上擺了紙筆與酒，大口喝酒，同時文不加點、一揮而就，通篇文章竟找不出一絲瑕疵。

　　這篇文章自然不是心甘情願之作，但不寫的話，阮家遠近九族應該都活不了了。為了生命、家庭而向政治勢力妥協，心中的痛苦難以言喻。阮籍常常駕著車，卻放開韁繩，任馬匹隨意奔馳，坐在車上的他腦袋放空、雙眼茫然、興盡痛哭，每每到無路可走時才返家。道德理想與現實條件不停拉扯著阮籍，這些矛盾與糾結一直陪伴著他，直到過世。

值得託付的真男人：山濤

自從〈與山巨源絕交書〉公諸於世之後，總讓人誤以為山濤是個背叛朋友、委身求榮的壞蛋，事實真如此嗎？嵇康於死前曾對兒子說：「只要山濤阿伯在，你就不是孤兒了！」真見對山濤的敬重與託付，而那一封絕交書，更可能是為了讓當權者信任山濤，不致遭受迫害而寫的吧！

山濤，字巨源，幼年時就沒了母親，家境清寒，並在少年時因才華成名。山濤是竹林七賢中年紀最長者，行事文雅、頭腦清明，不愛財、不玩權。遇見阮籍、嵇康的時候，山濤已近40歲，也是七人中心智最成熟的「大哥哥」。從青年時期開始，山濤便不是大放厥詞、好出風頭的公眾人物，雖然思想上極為解放，但是行動與語言的表現卻是謹慎踏實。作為丈夫，山濤和妻子韓氏感情深篤。早年家中貧困，韓氏對家中大小事一手包攬，山濤身著布衣對妻子說：「請暫且忍耐饑寒，等我以後做大官了，不知道夫人還有沒有辦法做好官夫人呢！」既不失幽默又值得託付，是使人最感溫潤的竹林「一賢」吧！

公元261年，山濤就任吏部郎，負責薦舉人才進中央。這在當時只是一個六品的小官，而山濤卻已經57歲了。在任期間，他盡其所能地把政治舞台之外的名士們塞進政府，包括許允的兒子許奇、嵇康的兒子嵇紹，前前後後拔擢的官吏，幾乎遍及滿朝文武官員，而凡是經過他考察的官吏，品行才華皆如他所言的「讚」。

曹魏的皇帝除了給山濤俸祿，很少給他賞賜，後世的謝玄說：「因為他要得不多，所以當然就給少了」。有一回朝中對

官員行賄之事加以清算，清查至山濤時，有人指出山濤曾收受賄賂。山濤雙手一擺，淡然說道：「那些東西非我想要，我只是無法退還。」他命人從倉庫抬出那些當初硬要他接受的箱子，只見上面積滿了塵土，裡面的物品都沒有動用過。山濤的為人與氣度，使他在朝中人氣一直很旺。司馬炎篡位後，對他更是倚賴，年至七十還將他的官職升為司徒。山濤多次以病老請辭，司馬炎便對其他文武百官說「司徒身體不適，你們就用馬車把他載來吧！」，直到山濤77歲，才獲准辭官回鄉。

山濤在仕途上的官運順遂，可謂源於為人沉穩、氣量大度。他對自己相當自律，如自知喝八斗酒方醉，所以即使愛喝酒但也從來不過八斗。王戎稱他「這人像金、像玉，像世人都知道的珍貴金玉，但是卻說不出名字來」。山濤或許不是高風亮節之人，但是他創造出最有意義的社會貢獻，如一塊沒有名稱的璞玉，其中自有翠綠晶瑩剔透。

不可少的一枝綠葉：向秀

竹林七賢一字排開，其中有一位看來不怎麼鮮明，名氣也沒有其他人來得響亮。但如果「七賢」齊步走上金馬的紅毯，我們依然該給他一座最佳男配角獎。他就是向秀。

向秀少年時期即有宏大眼光，為人清悟淡雅，喜好老莊之學，但與喜談玄學之人最大的不同，就是他不擅長喝酒。向秀先與山濤相識，在山濤的引介之下，結識嵇康與阮籍，又通過嵇康結識了呂安。向秀最常出沒的地方，就是嵇康家門前的柳樹下，兩人時常相約打鐵，嵇康掌錘，向秀鼓風，配合毫無間

隙。一方面為自得其樂，同時也為了貼補家用。向秀也經常去呂安家幫他照顧菜園子，三人情意相投、志氣相合。

後來嵇康與呂安因受陷害，被羅織罪名而死，而嵇康之死顯然與鍾會看他不順眼有關。鍾會被嵇康奚落的現場，向秀親眼目睹。此事發生後，兩位好友的生命相繼殞落，從而影響了他的人生志趣。向秀應朝廷之召，擔任散騎侍郎，在朝中司馬昭問他：「你的志向，不是和古人巢父和許由一樣是隱居嗎？為何來當官？」向秀回答，那是因為巢父和許由不瞭解堯帝求賢的用心，其實自己並不羨慕隱居的生活（看就知道是假話）。其實向秀時時懷念嵇康、呂安，為他們所寫的〈思舊賦〉也充滿了憤懣，由此可知向秀對晉文帝司馬昭那番話，絕非出於真心真意啊！

向秀年輕時曾向嵇康提及想要注釋《莊子》，嵇康卻認為莊子思想太過玄妙，難以言語說明。後來嵇康看到向秀注述的初稿，大為感嘆佩服，鼓勵他繼續完成。向秀在失去兩位好友後，心境更加趨於淡泊寧靜，偶爾也想起嵇康對於自己作注《莊子》的支持，故花費更多時間心力投入此名山事業。

後人的確由於向秀的註釋，更能理解《莊子》玄理的美妙之處。可惜其中〈秋水〉、〈至樂〉兩篇還未注解完，向秀就去世了。向秀年幼的兒子沒來得及將向秀的遺稿光揚天下，卻被郭象挪以自用。郭象註釋完〈秋水〉、〈至樂〉二篇，改動〈馬蹄〉一篇，並將其餘眾篇做個標點符號，從此郭象便被奉為《莊子》作注的大家。其實裡面大部分的內容，都出自向秀之手。他到死都是個最佳男配角啊！

來五斗酒以解酒病：劉伶

劉伶於歷史正傳中留下的紀錄不多，甚至不知其生卒年或是兒子名字，但我們還是能描繪出一個為酒徹底瘋狂的男子。據說劉伶身長六尺（東漢的一尺約莫24.2公分），比嵇康少了兩尺（嵇康幾近200公分！），人長得有些矮小，且容貌醜陋。但他的胸襟如宇宙般開闊，個性豪邁而不拘小節，平常不隨意與人相交，而顯得較為沉默寡言，但是一見到志趣相投的阮籍、嵇康等人，整個人就綻放無限生機。

劉伶特愛喝酒。他經常乘鹿車、帶一壺酒，命僕人背著鋤頭跟著，並吩咐：「如果我醉死了，就當下找塊地把我埋了！」足見劉伶嗜酒如命與放浪形骸。有一回酒蟲作祟，劉伶要求妻子拿酒給他，妻子便將家中的酒盡皆送人，再把裝酒的容器敲碎，然後哭著對劉伶說：「你實在喝太多了，不利於身體，拜託戒了吧！」劉伶說：「好，但是我需要在神明前立誓，所以請備酒肉祭神。」妻子相信劉伶的話而備酒拜神（好好騙）。沒想到劉伶對神明說：「我需要五斗酒來解酒病，婦人微言請不要細聽啊！」說罷，開始飲酒吃肉，結果又醉了。他對酒異常執著，著有〈酒德頌〉，字裡行間透漏對暢遊於天地的憧憬，以及有酒相伴此生足矣之情。因此，寧死也要喝得暢快，即使耍無賴也要騙酒來喝，這就是劉伶的人生哲學，無怪乎後人多以劉伶為酒神杜康再世。

劉伶平日喜歡裸身於家中走動，某次有客人來訪，要求他穿上衣服比較體面。劉伶則說：「天地是我的房屋，屋子四壁是我的衣褲，你們怎麼進到我的衣服裡了呢？」真的很狡辯，

但也相當趣味地表達了隨興奔放的胸懷。於政治官場上，劉伶曾被王戎推薦為參軍，但他奉行「無為而治」（就是什麼都不做）的政策，讓周圍的官吏們看不下去，最後終被罷官。去官後的劉伶，更能欲醉輒醉，終於嗜酒壽終。在那充滿政治鬥爭、利益交換的亂世，劉伶與酒為伍，既盡興又能保全性命，也是一種幸運啊！

富賈一方還是很愛錢：王戎

　　王戎出身魏晉高門琅琊王氏，在竹林七賢中年紀最小（小山濤近30歲、小阮籍20多歲），自幼即表現出非常人所及的聰穎。7歲那年，小王戎和同伴們在路邊玩耍，看見一棵結滿李子的果樹，同伴們爭相摘取，只有王戎不感興趣，問他何以如此冷靜（小孩子應該活潑一點吧），王戎竟答：「長在路邊的果樹，果實沒被摘光，想必很酸啊！」果然，小同伴們爭食後，相繼因為太酸而吐出，不得不欽佩王戎的聰慧。

　　王戎長得短小精幹，但風姿秀徹，尤其一雙眼睛水靈清澈還會放電，據說能直視太陽而不目眩！他在仕宦裡浮浮沉沉，從承襲父親爵位開始，升遷、被罷官、再啟用、遷司徒，而一直不變的是王戎非常愛錢的個性。他曾經利用職務之便，私派部下修建園宅，因此被免官，又再出錢贖回。王戎還經常與夫人手執象牙籌（就是現代的算盤）計算財產，沒有算清楚的話，就算入夜了也不會停止。有一回王戎想將家中長得特別甜、特別大的李子拿去賣，又怕別人得到種子，乾脆把李子的果核逐一鑽破。還有一次嫁女兒時，女婿向他借了數萬錢，在

尚未還清之前，連女兒回來省親他都面色凝重，顯得不悅，直到錢都還了，才重新展開笑容。雖說王戎愛財的程度似乎不近人情，他卻十分孝順，母親喪逝時，悲傷到無以名狀，甚至需要拄杖才有辦法行走。

王戎曾經捲入受賄風波，但是他能拔擢後輩人才，啟用吳國的隱居名士，對國家甚有貢獻。王戎還是個敢言直諫的人，八王之亂時，司馬冏問他是不是應該起兵對抗，王戎勸他：「您還是回到自己的封地去比較好！」司馬冏因而勃然大怒，王戎只好藉尿遁躲到廁所，後來又裝作服用五行散後遺症發作，跌到糞堆裡，總之把自己亂搞一通、醜態百出才讓司馬冏消氣。

若只用「好」或「不好」來評斷王戎，一定會被他搞糊塗，因為他的樣貌多面又自相矛盾，但這卻也是他引人一窺究竟之處。某次阮籍等人在竹林聚會，阮籍一見來遲的王戎就說：「你這個俗物，又來敗壞別人的興致！」而王戎立即回道：「你們這幫傢伙的興致，也真是太容易敗壞了！」王戎貪財猶如劉伶愛酒，都不是下流不堪的癖好，否則就算王戎再聰慧與膽識，其他竹林之友也不會想理他吧！

和豬一起喝吧喝吧：阮咸

阮咸是阮籍的姪子，年少就極為聰慧，但做事隨興，也有荒誕之行。山濤曾舉薦阮咸為吏部郎，司馬炎卻嫌阮咸嗜酒如命、喜好浮誇，不願意用他。其實阮咸是個真摯的性情中人，還是彈琵琶的高手，據說「阮」這項樂器，就是他改造自龜茲

傳入的琵琶而成的。

阮氏一族最愛在曬衣日當天，將各種華貴的衣裳掛於院中，以爭比富貴。這天，阮氏中較貧窮的家庭通常不掛示任何衣服，以免現醜，唯有阮咸還是掛上他常穿的寒酸衣褲。別人問起，他便說「既然大家都曬那我也不能免俗，所以舊衣褲也曬出來囉！」一點兒都不在乎別人的目光。

阮咸不隨便和人結交，但喜歡與族人一起飲酒彈琴取樂。他豪邁到喝酒不用酒杯，而是直接舉起酒罈就口。有一次眾人已經喝得有些眼茫茫了，突然從樹林中跑出一群聞酒香而來的豬，豬隻們將頭埋入酒罈，阮咸也不分人畜之別，逕自和這群豬一同喝起酒來。

姑母到家中作客時，阮咸愛上了姑母隨身帶來的鮮卑族婢女（鮮卑族不論男女都很正啊！），本來姑母答應將此女送給他為妻，但離開時又私自把婢女帶走。阮咸知道此消息時正在會客，立刻借了客人的馬追了上去。他告訴姑母不能帶走婢女，是因為她肚子裡已經有自己的孩子了！

阮咸不拘禮法，對當時人來說，時有駭人聽聞的作為，例如不分人畜之別而飲酒，不在意酒席上人的眼光，即使會淪為笑柄也要將鮮卑婢女追回，也正是這些地方更令人覺得可愛率真。在層層禮法包圍束縛的時代中，阮咸自顧自地突破，創造一個盡興於生命的生動形象。

竹林七賢事蹟

	生年	卒年	重要事蹟
嵇康	223年	262年	公認的美男子，臨死前絕響《廣陵散》
阮籍	210年	263年	不拘禮法而於母喪時吃葷飲酒，但身形如槁木死灰
山濤	205年	283年	位列三司，卻能高齡79歲清貧而終
向秀	約227年	272年	喜與嵇康鍛鐵，以妙思作注《莊子》，後為郭象所採用
劉伶	約221年	300年	平生嗜酒，而向妻子騙酒來喝，並有〈酒德頌〉
王戎	233年	305年	十分惜財，曾為此把家中要賣的李子之果核逐一鑽破
阮咸	？	？	好酒而不顧與豬共飲，改造外族樂器留為「阮」

大家都愛學的均田制

　　鮮卑族屬於馬背上的民族，在北魏太武帝統一北方後，混亂的局勢雖然算是塵埃落定，但胡人的舊習、與華人的衝突，讓建國初期亂象叢生，像是奴隸制度的壓迫、賦稅的繁重、官員貪污賄絡、殘暴鎮壓他族等等，而不同階級與民族間的矛盾，也讓各地不斷產生鬥爭，社會動盪不穩。

　　儘管太武帝之後的君王多少有進行一些改革，但到了北魏孝文帝與馮太后的時候，為了消弭民族的矛盾、振興國家，推行了包含俸祿制、均田制等制度，才有了讓國家生產力提高、經濟與社會發展的顯著成效。

別想貪污，乖乖領死薪水吧！

　　中世紀的鮮卑族還留著擄掠的血液，為了鼓勵部下不畏生死、勇猛進攻，首領讓士兵單獨占有自己搶來的財物，並且論功行賞（就是看業績啦）。到了建國之後，統一的北方沒得搶、也不是天天能建立戰功，又沒有薪水可領，官員只好把生財方式轉移到人民的身上，於是民脂民膏刮得毫不手軟，導致吏治敗壞、國家也愈發窮困。

　　公元484年，孝文帝下詔實施俸祿制，從十月開始計算、每三個月發一次薪水，並且對貪污訂出更加嚴厲的罰則。這項法治不只在遏止貪污上有效果，也間接促進中央集權，讓遊牧民族殘餘的舊制得以根除，可謂一舉數得。

劫富濟貧的均田制

當時戰亂環境，讓北魏境內有許多荒田，富有的地主東兼西併，占有了相當多的土地，而窮困的農民，不是轉入地主門下、就是像梁山泊的一百零八條好漢，遁入山裡當起反抗勢力。為了解決貧富不均、盜賊群起的社會亂象，並增加國家的稅賦，北魏孝文帝在公元485年下令實施均田制，按口計田，利用國家的權力，把現有的土地分配整理，並且對地主訂出土地不能買賣、每戶人家擁有的土地有限等等限制，使窮困的農民得以自足、荒廢農地有人耕種。除均田制外，還頒布了租調制，以「一夫一婦」為徵收租調的單位，一年繳出一匹帛、兩石粟，減輕農民的負擔，使農民脫離地主豪強自成一戶，大大增加了國家的稅收。

均田制是中國史上土地改革重要的里程碑，此法自北魏創立，沿用於北齊、北周、隋代，一直到唐代中葉，甚至對日本、朝鮮等國家產生一定的影響。古代帝王若有「德政排行榜」，此項政策必能名列前茅，因為這是一項大家都愛學愛用的制度啊！

風靡四朝不退燒的優良府兵制

　　北魏孝文帝雖然積極推動漢化，但就像現代國家推行新政策一樣，不是所有的人都願意接受改變，故推展的程度難以一致。就在遷都洛陽後，位於北方的六大軍鎮受漢化程度較淺，加上長期受到中原貴族的忽略，因而起身反抗，導致北魏分裂。六鎮之一的宇文泰便趁機在關隴地區建立政權，這就是西魏，與高歡的東魏政權對抗。東西魏創立初期，為了與富庶的東魏相抗衡，宇文泰創立了一種壯大軍力的方式，也就是「府兵制」。

關隴集團打哪兒來？

　　關隴地區位於關中，亦即今天的陝西省，當時，宇文泰訂出一套嚴謹的軍隊體制，以收攏當地集團勢力。該體制最高的一層，為「八柱國」，宇文泰本人即八柱國之首，西魏的皇室元欣次之（但僅擁有虛名），剩下的六柱國之下各有兩位大將軍，每個將軍底下又有兩個「開府」，每個開府分別管理一軍……先別頭暈腦脹，幫大家統計一下，總共是八柱國、十二將軍、二十四開府。如此二十四軍整頓，上下一心，管理容易，創造出向心力高的軍隊。而這些北魏武將、鮮卑貴族加上當地豪族組成的二十四軍，便是關隴集團的原形。

　　關隴集團聽起來像是某個大財團的名字，但他們既不是社長、也不是富二代，但是個新興勢力無誤。「關隴集團」這個

名詞，其實是史學家陳寅恪針對西魏時期這股政治力量所提出的名詞。隋唐建國者皆出自關隴集團，所以隋文帝楊堅、唐高祖李淵都是新興貴族。南北統一後，關隴集團與原先深耕多年舊貴族勢力（山東氏族）展開衝突，埋藏了唐朝黨爭的因子。啊！扯遠了，總之關隴集團這股力量跨越了西魏、北周到隋唐，其重要性不可忽視。

府兵制雖強，強久必衰

府兵制的特點，簡單來說，就是「上戰場時為兵，下戰場時為民」。戰亂的時候，由將領召集各地府兵出征；戰事結束之後，就回到原本駐守的屯地，進行耕種。但西魏時期連年戰爭，士兵幾乎無暇耕種（所以才需要奴隸來種田啊）。從西魏到北周期間的府兵制，士兵一旦入了兵籍，就不列入民戶，故不必繳交稅賦。相較於北魏時期強制從軍的世兵制，府兵顯得更有人性，也因此自願從軍者多，戰鬥意志也比被強迫從軍的士兵還高。到了隋代，隋文帝下詔：「凡是軍人，可悉屬州縣，墾田籍帳，一與民同。」將士兵納入戶籍，才真正體現「兵農合一」的特色，此時對府兵制的統整，也為唐代立下良好基礎。

而唐代的府兵制則是與均田制做一整合，被列入府兵的人免除租庸調，但是必須自備兵器與糧食、衣裝，士兵由折衝府管轄。有仗打時由中央臨時派守將領，帶兵上戰場；平時則輪流戍守軍師與邊疆，沒仗打就種種田，農閒時再進修一下戰術。府兵制為唐朝帶來大量軍力（還不用花錢養兵），使糧食

不虞匱乏，而由中央派遣將領的作法，也避免了將領獨擁兵權的潛在危機。

「府兵制」被稱為中國古代軍制的顛峰，但萬物消長，自古皆然。歷經西魏、北周、隋唐幾個朝代，由於時局的變化、均田制的瓦解，府兵制也逐漸分崩離析，到了唐代天寶8年（749），府兵制已徒剩虛名。但仍不可否認，「府兵制」被四朝沿用，在當時的混亂時局下，不失為一項優良的軍制政策。

祈福雕佛像，石窟佛光難藏！

　　魏晉南北朝雖有三百多年，卻因國家局勢複雜，導致歷史課本總快速略過，快到你可能忽略它其實長達三百年。而在這樣漫長的亂世中，佛教帶給人們慰藉，如同黑暗中的一盞明燈，成為人民心靈的依歸，不管是祈求下輩子轉世到富貴人家，還是這輩子能夠高中功名，佛教儼然是人民生活中最大的精神支柱。也因此，在這個殺戮頻繁的時代，卻盛大發展了與佛教相關的藝術與活動，進而創造出歷經千年依舊讓人讚嘆的佛像藝術。

一匹馬成就的雲岡石窟

　　從北魏道武帝拓拔珪開始，歷代帝王均篤信佛教。魏道武帝奉佛教為國教，並且在國都平城大肆興建佛寺。但中國本土出產的道教，勢力亦不容小覷，北魏皇帝的崇佛造成爾後佛教、道教兩方競爭激烈。魏太武帝曾短暫被道教吸引，進而滅佛，但在太武帝死後，其子魏文成帝便恢復信奉佛教。

　　某次文成帝出巡至涼州，遇到在此地修行的僧人曇曜。不知為何，魏文成帝騎乘的馬竟咬住曇曜不放。文成帝深覺此事不單純，兩人定是有著深厚因緣（前世是好友或君臣之類）。因此，皇帝迎請曇曜為沙門統，並在曇曜的主持下，於平城（今山西省大同市）的武周山上開鑿雲岡石窟，後人稱為曇曜五窟（即當今的第16～20號石窟）。為建國以來的五帝增善

緣、添福報，也藉此宣揚佛法。此後，石窟佛像逐漸增建，終成為有四十五個主要洞窟、大小造像五萬多尊的石窟群。並於2001年被列入世界遺產之一。

從粗獷到清秀的佛像風格

魏文成帝所鑿建的五窟佛像，樣貌雄偉莊嚴、風格質樸，此時的佛像形態受西域文化影響較多。從公元460年開始，一直到孝文帝遷都洛陽之前，是雲岡石窟增鑿的高峰期，期間增加了十多座大型石窟，但雕刻風格已由遒勁轉為溫婉，技術上也有所進步。而到了魏孝文帝遷都洛陽後，受南朝藝術影響甚大，佛像轉為「眉清目秀」，體型也較為纖細。由佛像的形態，可以看出中國受佛教影響的進程，不僅展現出當時佛教工藝的璀璨成就，也開啟了佛像藝術輝煌的時代篇章。

「子貴母死」是哪招？

　　看過《甄嬛傳》之類的歷史劇，你一定對後宮的明爭暗鬥感到印象深刻，其中爭寵的最大條件，就在於是否懷有「龍子」，只要自己的兒子被立為皇位繼承人，就能飛上枝頭、母承子貴。然而在中國的某個朝代，卻是全然相反的局面，一旦生下的兒子被立為皇儲，抱歉，趕緊交代後事吧！因為必須遵守「子貴母死」制度（想必降低很多後宮的犯罪率），兒子的時代來臨，就代表著母親的生命結束，這樣一個奇特的現象，就發生在北魏。

子貴母死首次登場

　　就歷史面來說，北魏並非第一個實行「子貴母死」的朝代，第一個「立子殺母」先例，是由漢武帝所開創。《漢書‧外戚列傳》便寫道：「心欲立焉，以其年稚母少，恐女主顓恣亂國家，猶與久之。」漢武帝心裡想立幼子劉弗陵為太子，卻又擔心幼子年紀甚小，權力被母親奪走，為了權衡，只得將太子之母鉤弋夫人賜死。

　　將這樣的單一歷史事件轉變為「子貴母死」制度的，卻是北魏開國皇帝——魏道武帝拓跋珪。要說他是效法漢武帝，卻又不完全正確，漢武帝是怕自己年事已高，要是不小心翹了辮子，皇子還小，女主當政可能引起朝中動亂。但魏道武帝賜死太子拓跋嗣的母親劉皇后時，正當壯年，下這樣的決定，背後

必有其深一層的考量。

魏道武帝的憂鬱來自鮮卑血液

　　魏道武帝開創這樣看似殘忍的制度，可大致追溯至種族問題。鮮卑族到了北魏開國時期，儘管已經進入父系氏族，卻仍保有母系社會的現象，像是婦女干預朝政、母族的強大能夠主導皇位繼承，就連魏道武帝本身能夠成為開國君主，也是多虧了母族與妻族。因此，若魏道武帝想要專權，就必須擺脫「女權」的陰影，完全杜絕外戚專權。

　　再者，北魏時期，拓跋部與賀蘭、獨孤、慕容等部落關係亦敵亦友，魏道武帝自覺身邊盡是威脅，猜忌心自然高漲，因此把屬於賀蘭部落的母親、獨孤部落的妻子（也就是太子的媽）、慕容部落的祖母一一消滅，自此建立「子貴母死」的制度，確立皇權不致旁落。

史上最不想生兒子的皇宮

　　那麼孩子的媽被賜死後，孩子要由誰來照顧呢？

　　皇上表示：「我日理萬機！」

　　孩子外公：「母愛我沒有！」

　　守衛表示：「干我何事？」（以上純為臆測）

　　其實是這樣的：孩子總是要吃奶長大，所以會找一位負責餵養、看護小太子的乳母，如果她好好將太子養大、沒夭折，順利登基的新皇帝，便會冊封其乳母為保太后。但未曾替皇上生下皇子的正宮皇后，她還是皇太后啊！其地位依然尊寵。也

就是說，在這種子貴母死制度下，小太子有三種媽媽。除了孩子一出生就被賜死的親娘，還有一個與他關係密切的乳娘，以及和他既無血緣關係，也無餵奶親情的正牌皇太后。

　　各位讀者看到這裡，應該也猜得到這項制度的結局。其他朝代的後宮，要是誰懷有龍種，肯定被施以各種阻撓手段，下藥啦、羅織罪名啦、伸腳絆倒你啦等等，但在北魏的後宮，大概要把這些功夫都招呼到自己身上了。《魏書‧皇后傳》便記載：「椒掖之中，以國舊制，相與祈祝，皆願生諸王、公主，不願生太子。」世界上最愛生女孩的皇宮就在北魏。此地若不小心生出兒子，反倒惴惴不安，深怕哪天兒子被宣布為太子。到底還有誰要生兒子呢？這樣殘忍的制度，終於在傳了七代後，於北魏宣武帝之時宣告廢除。

女官很忙！多重身分能搞定？

　　說到「官」，總不免讓人想到朝廷上那些呼喊「皇上三思啊！」的鬍子大叔們，但在講述北齊歷史的影劇中，卻是以「女官」為故事主軸，讓看膩了後宮勾心鬥角的觀眾們嗅到新味兒，一看就欲罷不能。看著主角由宮女一路爬升到女侍中官位，其勵志與受歡迎的程度，不亞於多年前也在中國大陸掀起一陣旋風的《杜拉拉升職記》。

　　據傳女官制度從秦漢時期便存在，在正史中卻是「存而不論」，早期的史籍未見記載。隨著朝代的不同，官制系統也變化甚大，到了隋唐帝國、明清帝國，因國家規模較大，官制益發健全，歷史上才有較多記載。大體上女官的工作內容，以掌管後宮的各種事務為主，儘管有一定的權勢和地位，卻也無法直接干預朝政（除非整個朝廷已經失控了，那自然有機會干政），說起來，女官更像是宮廷的高級僕役，簡言之就是高級宮女。

歷史女官與戲劇女官

　　在北朝當中，女官制度的記載只有於北魏孝文帝時資料較為齊全。到了北齊時，因記載零星，僅可知有女主衣、女長卿、女尚書、女侍中等官位。北魏女官制度儘管堪稱「資料齊全」，也不過以下寥寥數筆而已：

官階	官　　　職
一品	內司
二品	作司、大監女、侍中
三品	監、女尚書、美人、女史、女賢人、女書史、書女、小書女
四品	中才人、供人、中使、女生才人、恭使宮人
五品	青衣、女酒、女餉、女食、奚官女奴

影劇中的北齊女官設置，則有意思多了。編劇在宮中創製出一個「內侍局」，用以掌管後宮食衣住行大小事宜：

官階	官職	點評
一品	宰相（內宮大總管）	但中國史上第一位女宰相，可是唐朝的上官婉兒！
二品	婕妤	像嬪妃名號，事務性質不明！
三品	昭儀	
四品	尚宮	尚宮最早出現於隋朝，為尚宮局首席女官
五品	尚儀（管禮儀教學）	為隋文帝所設置
	尚侍（侍奉君主）	日本平安時代後宮中，地位最高的的女官
六品	司儀、司衣、司寶、司膳、司正、司計	約莫為宮女各部隊長
七品	典飾（管頭飾）	跟宮女的差別好像不大
八品	掌珍（煮飯、上菜）	

女官的複雜身分

若將宮中的女人大致分為三類，一種是皇帝的妻妾，主要工作是侍奉皇上、搶生龍子（北魏早期例外）；第二種是宮女，耐苦耐勞，鏡頭卻少得可憐；第三種，就是高級宮女——女官，他們身分不高不低，除了負責後宮事務，若是頗具姿色的女官（姿色的定義當然由皇上決定），有時還要跨足「嬪妃界」。總之，要能在皇宮中生存的第三種女人，若非才智過人，手段高明，像唐代上官婉兒受到重用，能在宮中呼風喚雨，多半是輕易地消失在歷史的洪流之中，無人聞問。

我要當皇帝，給我天女！

　　《蘭陵王》劇中，女主角與奶奶是所謂的巫族天女，為巫咸後裔，具有預言未來的能力。自古以來，亂世中就流傳著這樣的一句話：「得天女者得天下。」因為深信天女預言未來的能力能讓亂世得以平定，想要平亂的眾家英雄或梟雄紛紛開始奪人大戰，得不到的人則因忌憚天女之力，欲對天女除之而後快（得不到就殺死你，跟恐怖情人是同一類型）。於是天女一族轉而隱居山林，不再過問世事……這是《蘭陵王》裡對天女傳說的概略描述，不過就算看完整部戲，天女傳說還是像蒙上一層面紗般那樣地朦朧與模糊，若想更進一步，了解編劇設定背後的緣由，就要從巫咸這個人下手深究一番。

巫咸是啥人？

　　巫咸最古老的記錄可追溯到三皇五帝時期，相傳他為唐堯時期的人，以作筮著稱，可幫助人延年益壽、治病，甚至能預測人之禍福生死。由於曾以高超的醫術為堯帝治病，故堯帝非常尊敬他，奉他為神巫，並封他為相，死後其居住地被封為巫咸國，其子則為巫咸國之國王。

　　然而巫咸這個名字也在史籍《太平御覽》與《楚辭·離騷》中出現過，雖然並非同一個人，但身分與能力相當類似，他們都有著神巫的名號，或善於占卜，或精通醫術。根據《太平御覽》記載，黃帝、炎帝在涿鹿與蚩尤開戰之前，要巫咸以

蓍草占卜，巫咸占卜完後回答說：「如果交戰的話，將引發災禍。」（戰爭絕對引起災禍，這個占卜我也會）而在屈原的《楚辭·離騷》中，也提到屈原想趁著吉祥的靈氣充盈時進行占卜，但心中猶豫拿不定主意，聽說巫咸會在晚上降靈現身，便拿著花椒精米前去相迎。也有一說是巫咸為殷代有名的巫師，侍奉殷中宗。另外《山海經·大荒西經》中提到十巫，即是以巫咸為首的十名巫姓的巫師，曾到一座靈山上宣神旨、達民情、採藥草救世濟民，也頗令人玩味。

想下雨就找巫女

在現代社會中，與天女較為相近的，恐怕是「巫女」了。聽聞巫女一詞，先進入腦中的，多半是日本神社中的神職人員，她們穿著紅白色調的巫女服，給人清新脫俗、神聖之感，但不具靈媒之能力。而巫女這樣的角色，在周代卻有著紀錄，《周禮》中說明了巫女的工作是除災、求雨、祈福，而更上一級的巫司則是要在大旱時架設求雨的祭壇、祭祀地神等等。且巫女在周代是有被授與官職的，她們的長官是司巫，官位則為中士，一直到漢代、隋唐都有祭祀相關的部門掌管相關事宜。

在戰亂、兵家爭權的時代，這些擁有預測未來能力的人，必然成為所有雄霸天下野心之人覬覦的目標，而隨著朝代不斷更迭、科技日益進展，主要工作是祈雨、祭祀的天女、巫女也漸漸失去重要性。到了現代，天女或巫女多半成為文化的象徵，已非過去那般具有影響力了。

叔娶寡嫂不是亂倫！

影劇中，貴妃娘娘不鳥位高權重的皇上，反而只愛儲君高富帥，且心懷歹念，時時想要藉由鮮卑族祕技──「叔娶寡嫂」達成她嫁給高富帥儲君目的，是希望皇上早日騎著鶴往西邊去嗎？不了解游牧民族婚姻制度的人會說：「禮義廉恥學到哪去啦！」、「這瘋女人想要搞亂倫嗎？」各位，請容許我為游牧民族解釋一番。

「叔娶寡嫂」屬於「收繼婚制」的其中一項，這是游牧民族的婚姻制度。如匈奴就有父親死後、兒子再娶後母，兄弟死後，再娶嫂嫂、弟媳的習俗。鮮卑風俗則是當父親或兄弟過世後，除了自己的親生母親外，後母、庶母或寡嫂均可以娶為妻子。因為有別於中國傳統道德觀念，對於當時中原漢人而言，根本無法接受這樣的事情發生（但可以接受納一堆妾，後宮佳麗三千爭寵，領號碼牌夜夜笙歌），視其為亂倫，但游牧民族是有其苦衷的。

中國近五千年的氣候變遷有週期性，此寒暖交替影響了人類生計，甚至造成社會動盪。據說公元325年，渤海灣從昌黎到營口連續結冰一度長達三年之久，冰上甚至可供上千人移動，（大自然的力量不容小覷，請重視環保）。除了氣溫驟降，逐水草而居的游牧民族生存不易；另一方面，游牧的穩定性不比農耕，萬一來個傳染病讓牛羊死光光，那一年人也會鬧飢荒。處於這種惡劣的生活環境，古代游牧民族死亡率極高，因此活

下來，是比什麼都重要的事。收繼婚制可促進繁衍，保留存活率，在當時實有其存在必要。

　　為了保證後代繁衍，拓跋鮮卑還會挑選時程舉辦春季大會，規定所有子民都要參加。大家先在樂水上洗浴，等到飲宴完畢，在宴會上男男女女，只要看對眼，即可於宴會結束後自由配對。

　　游牧民俗的社會有其特殊文化，若不能抱持理解包容的心態，則怎麼看都很野蠻。例如早期鮮卑社會存在的「掠奪婚」，也是在頻繁戰爭中沒時間結婚，為繁衍後代，衍生出的一種搶妻的婚姻方式。男子雖掠奪女子揚長而去，但在同居半年或百日後，會送聘禮到女方家，並到女子家中服勞役一、二年（有謝罪的意味）。這時，女方家也會準備厚禮給女兒，包含雙方的結婚用品、房舍等。

　　由古至今，因應不同社會環境而有多樣性的婚姻類型。無論是哪一種制度，背後皆有形成之原因，因此，還是理解後，再進行批判或定論吧！

升職利器：北齊瓷器學問多

　　瓷器是由含高嶺、長石、石英的瓷土或瓷石等所組成，外層上釉或彩繪的器物。瓷器要受窯內高溫燒製而成，經考古驗證，最早的產地是在中國（所以瓷器的英文是China）。而佛教於東漢傳入中國，到南北朝時開始盛行，因此當時貴族亦有許多佛像的瓷器收藏。影劇中，陸貞是位天真無邪、活潑大方，即將滿17歲的妙齡少女，打從10歲就跟隨父親行商，因而習得不少關於瓷器的知識，由於找出將皇上登基大典上要用的喜瓷燒成黑瓷的關鍵，及時拯救了一家老小，亦成為日後在官場上扶搖直上的一大助力。

北朝愛打仗，瓷器發展輸在起跑點

　　魏晉南北朝是中國歷史上一個最為分裂的時期，導致南北瓷器業發展不平衡。由於南方較為安定，又以浙江一代越窯為中心，繼承並發展出東漢青瓷（不是周董的《青花瓷》）的成就，這些青瓷被稱之為「六朝青瓷」，也間接影響到北齊的瓷器發展。北方則因戰亂連綿，以至於瓷器業起步落後，直到六世紀初期才有青瓷作為墓葬品，而白瓷則出現得更晚。

　　北齊在天保3年（552）過後，擊破了庫莫奚、契丹、柔然、山胡等外來壓力，再直取淮南，將勢力蔓延至長江邊，此為北齊國力的巔峰時刻。當時北齊無論是在農業、鹽鐵業，甚至在瓷器製造業，都頗有發展，而經濟方面的實力，更是在同

時期陳國與北周中最富庶的。但由於南朝的瓷器發展較北朝來得早，因此北齊可能需向南方學習製瓷技術，說不定小貞貞也去過南方留學。

燒出好白瓷Know how

古代白瓷的製作，並非直接加入白色的呈色劑，而是利用含鐵量（北齊就懂含鐵量的判斷）較少的瓷土和釉料加以精製，經高溫火焰的窯燒，成為素白瓷器，再塗上純淨的透明釉，就能燒成白度極高的白瓷。在當年夠克服鐵的影響，燒出白瓷，可是中國古代陶瓷技術的一大突破。劇中陸貞無法燒出潔白如雪的瓷器，就是因為瓷土中含鐵量過高所致，但在一陣打情罵俏的推擠，配合北齊最佳救援投手「巧合」登板，她發現了箇中原因，成功燒出白瓷而受到皇上賞賜，提升為司寶司八品掌珍。

北齊范粹墓出土的白瓷，是中國至今所發現的最早的白瓷，但在國外則有更早的發現：韓國公州武寧王陵（529年）出土的白瓷，經查證亦為中國的瓷器。白瓷在歷史上的地位，不僅僅為瓷器的品種之一，更奠定了北齊以後各類瓷器的發展基礎，也因為有了白瓷，才會發展出千變萬化的瓷器，甚至出現繪畫等裝飾藝術。劇中的陸貞，就因燒出雕花白瓷而成為六品司珍。

瓷器其實是中國奢侈品之一，因此當然有等級之分，高級瓷器有遠高於一般瓷器的製作難度及技術，因此古代皇室中都收藏許多精美的瓷器。另外瓷器也透過種種貿易而傳到世界各

國。劇中陸貞就利用和吐谷渾國的交易振興國庫，進而晉陞為五品尚宮。（升等速度比公務員還快）

　　一般瓷器燒製時間大約需要12個小時左右，而劇中陸貞可以在三個時辰（約6小時）完成，時間足足節省一半（已經是可以到鶯歌陶瓷老街開班授課的程度），相信這其中一定有什麼只有當事人才知道的祕密。另外，中國的英文名為「China」，有人認為是由瓷器「china」而命名。剛好中國瓷器主要產地之一為「昌南」，因發音相近，又有這是瓷器的名稱由來一說。但實際上瓷器的英文china才是從中國China轉化而來的，從中也可知道中國文化與瓷器有著如膠似漆、水乳交融的關係。

亂世的驚人醫術

魏晉南北朝雖然動盪混亂，但卻是個醫療經驗交流結合的關鍵時期，不僅出現許多著名的醫學家，更創作出無數影響後世的醫書，被視為醫學界的重要資產。例如西晉太醫王叔和就曾經將張仲景的《傷寒雜病論》編撰成《傷寒論》、《金匱要略》等書，並集中了東漢以來華佗、扁鵲、張仲景（這幾位都是名醫來著）所著的《內經》、《難經》、《脈法》等書，寫成一部《脈經》。其他如東晉葛洪《肘後救卒方》、南朝梁陶弘景《本草集註》等，都為後世帶來無窮的影響。

超強的外科手術與針灸

漢末家喻戶曉的華佗曾經進行複雜的腹腔手術，而且相當成功，可惜沒有被詳細記載下來。不過漢代的一些手術經驗倒沒有完全消失。據說西晉宰相魏咏天生患有唇裂（兔唇），聽聞有一名醫師能夠治療，便去求診，醫生明確告知，這病能治癒，但術後百日之內只能吃稀粥，而且不可談笑風生。後來手術成功，經過修養後真的痊癒，雖然沒有詳細描繪手術及休養過程記載，但可以猜測到了南北朝時代，無論手術或是術後看護，都具有一定的火候。

針灸自秦漢起獲得充分的發展，許多經典著作都有記載針灸這項技術。晉代的皇甫謐認為先前的著作仍然有所不足，便以自己的研究與實驗，再加上前朝人的經驗，整理出《針灸甲

乙經》一書，是最早專門論述針灸的一部著作。書中記載了多種刺灸方法，可以說是晉代以前針灸經驗的大集合。這本書為後代帶來的影響之大不容忽視，宋代王執中的《針灸資生經》、王惟一的《銅人俞穴針灸圖經》等都是以該書為基礎進行編撰。唐朝太醫署將該書作為教材指導學生，遣唐使將之傳到日本及朝鮮後，日本政府也以該書為醫學教材。直至今日，這部醫學名著還被翻譯成英文在歐洲印刷發行，許多西方國家學者都為之關注。

魏晉南北朝就有萬用急救手冊

晉代葛洪曾編著一本急救手冊《肘後救卒方》（別名《肘後備急方》，簡稱《肘後方》）。當初他在編撰本書時，就是希望能夠隨身攜帶，掛在肘臂之間，以便救急使用，也因此得名「肘後」。該書吸收了許多醫學上有效藥方，無論是在內科、外科、傳染病、兒科、婦科、五官科急病、蟲獸所傷、寄生蟲病、食物或藥物中毒等（根本就是醫學小百科）都加以收錄。

南朝陶弘景又增加了一些醫學內容，使該書在魏晉南北朝成為一部很棒的臨床醫學刊物，更為急症治療貢獻良多。在陶弘景的幫助之下，提出更多重要的病證醫治方法，不僅簡單容易執行，所述藥物廉價且方便取得，在當時對普通民眾，尤其是處在偏僻鄉村的貧苦人家發揮出極大功效，讓衛生保健與醫學知識能夠在民間廣為流傳，也因此在醫學史上占有重要地位。

另外值得一提的是「石刻藥方」，當時雕版印刷技術並未發明，所以科學知識不易傳播。北齊醫學家很聰明地將藥方刻在石上，放在人聲鼎沸、人來人往的朝拜聖地（佛堂、石窟等），讓人們可以自由抄錄和拓印（大放送，沒有著作權的問題），促進了醫藥知識的傳播普及，可謂善功一件。

比本草綱目更早的「本草學」

《神農本草經》記載內容不多，無法完整反映當時的藥學成就，再加上漢代以後，人們對原有的藥物作用不停有新的發現，新藥品種也不斷增加，所以在魏晉南北朝時，陸陸續續有《本草經集注》、《吳普本草》、《名醫別錄》等著作來彌補《神農本草經》的不足，特別是《本草經集注》堪稱本草學的新里程碑。南北朝時期又有雷斅的《炮灸論》，是中藥鑑定學的重要經典。這些書籍在後世藥物的發展中，定下了無可取代的地位。

順帶一提，影劇中的陸貞應該都讀過上述書籍，因為她對藥材的認識廣大無邊，且鼻子相當靈敏（難道是狗鼻），一聞就知道珠子上塗有麝香，腦中頓時閃過「麝香在中藥用途有開竅醒神、活血止痛、催產下胎，所以孕婦忌用。而麝香也將導致不孕！」因而及時保護了自己的妹妹，果然不只是瓷器達人，連醫術都略懂略懂啊！

另外「車前草」不僅可藥用，還可食用，台灣全島山野路旁均可找到（是相當不錯的救急藥草），具有止痛、鎮心、止瀉、怯咳、利尿、明目等功效。小貞貞因病被打入冷宮中的養

病所等死，養病所真是個好所在，跟台灣寶島一樣有車前草這個好東西，正好發揮她野外求生和「略懂」醫術的特殊技能，不僅救了自己也幫助了所有待死之人。

而「烏頭」究竟是毒藥還是良藥？其實它是含有劇毒的，可能造成血壓驟降、心律加快、影響腎上腺的活動、抑制中樞神經等，但中藥材的烏頭是將其塊根處理後才作為強心、鎮痛的處方（請遵照醫師處方用藥）。羅貫中《三國演義》裡提到關公「刮骨療毒」亦是治療烏頭之毒。陸貞靠著超靈敏嗅覺和不知道哪來的藥材理解力，調查出養父死因乃是中烏頭毒，也替自己完美辯解擺脫牢獄之災（根本就是福爾摩斯北齊加強版）。

魏晉的服石與煉丹術

「服石」是食用自然礦物（不是吃石頭），說白了就是要追求延年益壽，進行長生不老的修煉活動。魏晉南北朝時期，也流行服石，不過他們最常服用的是「寒食散」（又稱「五石散」）。寒食散藥方有多種版本，據聞食用後會有燥熱現象，必須用寒衣、寒飲、寒食、將息、寒臥等方式趨熱，故只要是食用後必須加開趨熱的藥方，大都統稱為寒食散。魏晉時期，拓跋珪、皇甫謐、王羲之的妹妹、嵇康家的嬰兒等知名人物，都有食用過，可見當時服散風氣確實不容小覷。

但寒食散的配方多為易產生燥熱、劇毒的食品，所以也時常引起中毒現象，死於此因的人不計其數。但中國人沒在怕！照吃不誤！即使醫學界的翹楚皇甫謐，曾經差點成為寒食散下

亡魂，仍不反對此藥方，強調只要小心謹慎即可。一直到唐代的孫思邈才明確指出「寧願吃毒草，也不要吃五石散！」中止服用寒食散的風氣。

煉丹術是中國古代一種特殊技能，透過煉製某些自然礦石或金屬，得到長生不老藥。煉丹是一種醫藥化學的行為，英國李約瑟博士曾深入研究並指出：「醫藥化學源於中國」。古代煉丹製成的許多丹藥，含有汞、鉛、砷、硫等化合物，這些物質都有劇毒，所以當時服了這些丹藥的人，不用長命百歲，能不能多活半個時辰都不知道。雖然煉丹術在追求長生不老的功效上失敗了（說是煉毒藥還差不多），但是卻讓「化學」在中國有了重大突破，也得到了不少藥物知識與製藥的寶貴經驗，這些都豐富了中國藥學的內容，更成為世界醫藥化學界的先驅。

守宮砂真有其事？雪蟾真的是救命靈藥？

金庸在其著作《神鵰俠侶》和《倚天屠龍記》均有提到守宮砂，但「守宮砂」是真的還是傳說？古代在少女手臂上點上一顆鮮豔的紅痣，以驗證女人的貞操，就是所謂的守宮砂。有些人以為守宮是指守住女性的最後一道防線，但其實守宮是「蜥蜴」的一種，也有人說是「壁虎」。據傳用朱砂餵養壁虎，壁虎會全身變赤，吃完七斤朱砂後，把壁虎搗爛，再用其點染處女肢體，顏色不會消褪，只有發生房事後，才會慢慢褪去。影劇中，北齊一位八品掌裳就想利用守宮砂的消失，收買太醫（聽說北齊律法嚴謹，想必該花了不少銀兩）製造假懷

孕，騙取儲君待妾之位，但技倆被識破，反被降為勞役宮女。

「蟾」可以入藥，有種藥材即為「蟾酥」，將其洗淨後，擠取耳後腺及皮膚腺的白色漿液（請別自己嘗試，這是專業技術），以瓷器承裝，不可以用鐵器，以免白色漿液變黑。此藥方具有開竅醒神、解毒、止痛等療效。劇中陸貞被太醫宣告不治，向外賞銀一千兩求救，居然活生生冒出個「雪蟾」救了她一命，不過將導致終身不孕。但事實上雪蟾只是個傳說，《本草綱目》中也未曾出現過。

由以上可見，在動盪不安的魏晉南北朝時期，醫學上的成就相當驚人，不僅救助當代世人，還為後世醫療知識與技巧奠定基礎，各種醫療典籍甚至到今日都還具有參考價值，堪屬中國史上一大成就。

聽說北齊律法很嚴謹

　　某影劇中有個天真無邪的女孩拿著假官籍想混入宮中，被查出後不僅全身而退，懲罰只是被趕出宮外；皇族高權之人輕易偽造官籍，使心愛之人順利矇混入宮；宮殿內的屋子可以自由進出，還可當成免費的汽車旅館提供偷情服務，完全感受不到皇宮該有的戒備森嚴；國璽被拿去偷蓋，竟無人追究……以上劇情絕對不可能出自北齊，因為北齊承繼北魏在法律上的成就，是個律法相當嚴謹的時代。

北朝律法大革命

　　北朝時期，國家的建立者——鮮卑拓跋氏為新興的少數民族（游牧民族），為了鞏固統治地位，要讓文化、政治、經濟等方面能夠迎頭趕上中原地區的漢族，所以對於修訂法律的工作相當投入，立法、修法的活動頻繁。

　　拓跋族在早期並沒有成文的法律，只是用族內習慣拘束人民的作為，遇到犯罪的人，也只能當下決定如何懲罰。進入中原後，逐漸有些單行的法令出現。到了拓跋珪的時代，才有較完整法律的制定。此後多次進行律法的編撰與修定。比較重要的包括神䴥3年時，由司徒崔浩改定律令的《神䴥律》；正平元年由中書侍郎胡方回、太子少傅游雅及散騎高允等人改定的《正平律》；太和元年由高閭、高允等人議定律令，總共花了五年的時間才完成的《太和律》；太和16年，又將之前的修

231

改成《太和新律》；太安4年再度修正頒布《太安律》；宣武帝正始元年，又召集劉芳、元勰、常景等三十多人修成《正始律》。雖然花了很久的時間不停修改，但目的都是為了能有更完善的律法。

雖然北魏律法沿革詳情已不可考，但可以知道當時能夠參與編撰的，多半都是對「漢律」、「晉律」、「江左律學」等頗有研究之人，因此才能夠集大成，把各家的長處融為一體，將缺失屏除在外，這對後來的律法產生相當大的影響。正如陳寅恪在《隋唐制度淵源略論稿》中的評論，北魏律法因為綜合比較、擷取精華，才能發揚光大，而這樣的成就背後，有他「廣收博取」的功勞，並不是隨手寫幾筆就能完成的。而北朝的律法由北魏到唐朝都是相同系統傳承，一直沿用到明清，可見其完善。

北齊最佳律法反出亂世？

許多人可能會疑惑，北齊如此荒淫不堪、殘暴肆虐，怎麼可能會有最好的律法？但從歷史上種種記載都能發現，這是不爭的事實。北齊律法在史學界號稱為南北朝之最，陳寅恪就曾在書中表示：放眼看去，南北朝的律法，北朝優於南朝，而北朝中，又以北齊的律法為第一！不過貴為最佳律法，若不能加以嚴格執行，也只是枉然，否則北齊也不至於如此荒亂不堪。

有學者質疑高氏皇族血統不純，根本不是「鮮卑族」，認為他們均屬「漢人」（據說為河北人）。另有史料稱高氏父子（高歡、高澄）為「鮮卑小兒」，但高歡本人倒是自稱漢

人。山東大學歷史講師代國璽受訪問時說過，撇開是否為鮮卑族不管，北齊自創建後做過不少政治改革，並持續推行鮮卑化政策，比方說兵農分治的「軍鎮制」打破胡人才能當兵的制度等，這些政策除了使北齊能夠在北朝占據一席之地，更促進漢族文化與鮮卑文化的融合。

高氏兄弟（高澄、高洋）在東魏職掌國政時，因主持《麟趾格》（在「麟趾閣」議定的新律）的修撰，進而開始議造齊律，到齊武成帝高湛時完成，史稱《北齊律》。內容依據漢魏起歷代王朝立法與司法的經驗，鑑往知來、校正今古增損、去蕪存菁而成。此律將篇目省併至十二篇，共九百四十九條，內容囊括婚姻、詐騙、竊盜等等，確立了之後法典的規模。此外，更把刑名、法例合為「名例」，置於律首，作為定罪量刑的原則標準（北齊就懂現在法律中的罪行法定原則），這本律書成為中國封建法典首置《名例律》的先驅，一直到《大清律例》都能看到它貢獻的影子。

當法律儒家化，孝順比正義重要

北朝時期，儒家思想持續被套用至法律中，讓制定法律與定罪量刑能夠有所依據，並透過思想和倫理來執行。北朝中所創的儒家化法律制度，除了官當制度（官吏可以利用官爵來抵免罪刑的特權）外，比較值得一提的就是「留養制度」和「重罪十條」。

「留養」是指罪犯者的父祖年老，又沒有其他親人可以幫助照顧時，可給予該罪犯緩刑或免刑的優待，命令他在家服侍

父祖。這項制度在北魏開始出現，一直到清朝都被明定於法典之中。儘管對於受害者來說，或許十分不公平，但儒家宣揚的核心思想，是維護君權和父權，對君主的忠忱與對父親的孝養，是社會中最重要的事情。因此，當維護社會正義（甲殺了人應該處以死刑），與維護父權（甲的父親年過九十需要人照顧）相抵觸，國家會先照顧後者。

此外，傷害、藐視君權或父權的行為，是國家主要的打擊對象。北齊將嚴重危害封建制度或禮教的十種罪名列為「重罪十條」，像現今常用的「大逆」與「不道」，其實都是十條之一。並將重罪十條置於律首，凸顯打擊犯罪的目標。重罪十條不再適用八議（古代官員或貴族享受的特權）和贖刑（即繳納一定錢財折抵刑罰），通常都是被極刑處死，成為「十惡」的範例。

原來死刑有這麼多種

北齊的另一個創新，就是調整了刑罰制度，確立死、流、刑、鞭、杖五刑。其中死刑分為四等，最輕者處絞刑，死者可保留全屍；次為斬刑，就是直接斬頭，身首異處在古代中實為司空見慣；其次者梟首，將頭顱掛在木樁上，屍體也放在明顯的地方，讓大家看個清楚，為期三日；重者轘殺，也就是車裂，和五馬分屍有異曲同工之妙。

刑罪即耐罪，是古代剃去鬢鬚的刑罰，分為五歲刑、四歲刑、三歲刑、二歲刑、一歲刑五等（禁止留鬍子1～5年不等）。杖刑則將一杖數分成三等。另外，贖罪者可以絹取代

金,從死刑改成「笞十」,共設立十五等,為當時的刑罰體系奠定基礎。

　　流刑則是死刑的替代刑,也是最有影響力的刑責。北齊沿用了北魏刑制並加以修改,但因為受到儒家思想的影響,不忍用刑罰殺害,所以寬恕地用流放代替。流刑至此被列入律法中,雖然還沒有明確劃分流放的遠近,但成為刑罰的基本內容。

　　《隋書·刑法志》稱讚《北齊律》「法令明審,科條簡要」,隋、唐兩朝更以其為律典藍本。由上述可知,北齊的律法確實不差。不過有好的律法,不代表國家一定可以強盛,畢竟統治者和執法者才是關鍵。北齊雖然已經設有正式的監察機關「御史台」,卻沒能夠落實權力,形同虛設,不能展現應有作用。內部官員在皇帝庇護和縱容下施展淫威(上梁不正下梁歪),胡作非為,明顯就是不鳥法制,想怎麼搞就怎麼搞,反正有皇上罩著,不怕!

　　本來想成為法制國家,卻逐漸走向專制君主;設立一堆法令機構,本是為加強控制,穩定統治,集中權力,讓國家走得更加順遂、安穩,結果卻因執政者的昏亂不堪,加速了國家上下的衝擊,最後導致亡國滅族。在如此大動盪的政治社會中,監察制度和律法失衡、皇帝昏庸無能,實為北齊走向滅亡的一大主因!

日本好愛學中國，竟然也有南北朝！

　　南北朝並不專屬於中國歷史，在日本綿長的歷史中，也有過一小段南北朝時期，就發生在鎌倉末期到室町初期之間，且其混亂程度不亞於中國史上的魏晉南北朝。當時鎌倉幕府掌控日本的統治權，天皇形同虛設，但後醍醐天皇不甘受控，暗地裡積極準備倒幕，幾經波折，卻仍被幕府逮捕並將他廢黜。幕府推擁量仁親王為光嚴天皇，此時雖還未正式進入南北朝時期，卻已然分裂，出現了兩個天皇。

跟中國南北朝也有點像

　　鎌倉幕府被消滅之後，後醍醐天皇掌控大權，但他激進且不完善的新制改革引起武士的不滿。而渴望更大權力的足利尊氏也豎起反天皇的大旗，幾次短兵相接後，攻占了天皇所在的京都，逼他交出神器，並擁立光明天皇，形成北朝。而帶著神器逃到大和（今奈良縣）吉野的後醍醐天皇，便形成南朝，開啟了短暫卻又混亂的南北朝。

　　儘管篡位、爭權等等模式與魏晉南北朝相似，但日本的南北分裂僅維持了五十多年，在幾次政權攻防過後，因南朝的勢力逐漸消退，在北朝的脅迫下，交出了神器，終於在1391年結束了紛亂的兩皇朝代。

撲朔迷離的正統之爭

　　南北朝雖然最終統一，但對於誰才是「正統」，卻爭議了六百年之久。尤其在史書的撰寫上，對於真正皇家血脈記載，爭論極大，像是德川幕府時期就以北朝為正統，同時也承認兩朝並立，但在後來的《大日本史》中，卻以南朝為正統。儘管當時的天皇為北朝後代，但竟把北朝的天皇放進列傳（皇帝應該放本紀啊），等於否定了北朝帝王的地位。到了明治維新時期，正統之爭愈發激烈，身為北朝後代的明治天皇在形勢所逼之下，必須做出抉擇，最後他宣布以南朝為正統，北朝天皇不列入帝王表中，但仍享有天皇地位，希望爭議就此平息。

　　明治天皇明明出自北朝血統，卻承認南朝為正統，反而引起了眾多紛議。有人說是受了《大日本史》的影響；有人說當初南北朝統一時，約定天皇交接要在大覺寺統和持明院統之間進行，北朝卻違背諾言；還有人說，因為神器在南朝手中，故承認其為正統。最離奇的，還有明治天皇其實早就被暗殺，被狸貓換太子的陰謀論。儘管原因終究無法探知，但明治天皇堅定的立場總算為南北朝爭論寫下一個暫時的句點。

用一本書開創人生新格局

《20幾歲就做一件對的事》、《35歲前要做的33件事》、《45歲前做對九件事》、《給自己10樣人生禮物》等書如雨後春筍，無一不在提醒你：「儘快做好人生規劃！」

你的人生目標是什麼？
得到財富、名氣，還是環遊世界？
只要你對自己的人生有想法、對某一領域有熱情，你與成功世界就只差一道門，
而出書就是開啟那道門的鑰匙！

出書不只是你在特定領域專業的證明，更是你脫穎而出的舞台，
只要成為作家，條條大路為你開啟，
所有夢想都將伸手可及！

采舍國際出版集團領導人、同時也是台灣最具資歷的出版家**王擎天博士**率八大出版社帶領你打造屬於你自己的那把鑰匙，成功企劃自己的未來，完成曾經以為遙不可及的夢想，創造無後悔的人生！

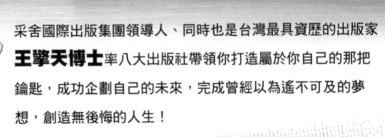

課程詳細資訊請上

新絲路網路書店
silkbook.com

華文聯合出版平台
book4u.com.tw

國家圖書館出版品預行編目資料

蘭陵王與陸貞傳奇——大動盪的魏晉南北朝史／王擎天
著.--

　新北市中和區：典藏閣，2014.1〔民103〕
　　面；　公分

ISBN 978-986-87443-2-5（平裝）
1. 魏晉南北朝史　2. 通俗史話
623　　　　　　　　　　　　　　　　　102021234

～理想的推手～

理想需要推廣，才能讓更多人共享。采舍國際有限
公司，為您的書籍鋪設最佳網絡，橫跨兩岸同步發
行華文書刊，志在普及知識，散布您的理念，讓
「好書」都成為「暢銷書」與「長銷書」。
歡迎有理想的出版社加入我們的行列！

采舍國際有限公司行銷總代理
angel@mail.book4u.com.tw

全國最專業圖書總經銷
台灣射向全球華文市場之箭

典藏閣

蘭陵王與陸貞傳奇——大動盪的魏晉南北朝

著　作　人▸王擎天　　　　美　術　設　計▸吳吉昌

總　編　輯▸歐綾纖　　　　封　面　繪　圖▸劉　豐

副　總　編　輯▸陳雅貞　　　內　文　排　版▸陳曉觀

策　劃　主　編▸張欣宇　　　特　約　編　輯▸黃曉鈴、吳欣怡、陳映儒
　　　　　　　　　　　　　　　　　　　　　　黃嘉馨、洪于勝

郵撥帳號▸50017206 采舍國際有限公司（郵撥購買，請另付一成郵資）

台灣出版中心▸新北市中和區中山路2段366巷10號10樓

電　　　話▸(02) 2248-7896　　　傳真▸(02) 2248-7758

ＩＳＢＮ　▸978-986-87443-2-5

出版日期▸2014年1月

全球華文市場總代理 / 采舍國際有限公司

地址▸新北市中和區中山路2段366巷10號3樓

電話▸(02) 8245-8786　　　傳真▸(02) 8245-8718

全系列書系特約展示門市

新絲路網路書店

地址▸新北市中和區中山路2段366巷10號10樓

電話▸(02) 8245-9896

網址▸www.silkbook.com

線上pbook&ebook總代理 / 全球華文聯合出版平台

主題討論區▸www.silkbook.com/bookclub　　● 新絲路讀書會

電子書平台▸www.book4u.com.tw　　　　　　● 華文網雲端書城

紙本書平台▸www.silkbook.com　　　　　　　● 新絲路網路書店

歡迎上擎天部落格瀏覽或討論您的觀點　chintian.pixnet.net

本書由著作人自資出版，委由全球華文聯合出版平台發行。採減碳印製流程並使用優質中性紙 (Acid Alkali Free) 與環保油墨印刷，通過碳足跡認證。